〈최신 컬러 화보〉

등공예

초보자는 물론 전문인도 필요로 하는 등공예 사전
사진을 곁들인 충분한 설명으로 실기와 똑같은 효과

편집부편

Ⓐ 깃털무늬의 솜씨바구니 ……… 89페이지
Ⓑ 쟁반 ……… 76페이지

Ⓐ 바깥울타리 모양의 꽃바구니 ……… 54페이지
Ⓑ 위가 둥근 꽃바구니 ……… 81페이지
Ⓒ 단지형의 꽃바구니 ……… 50페이지

Ⓐ 쓰레기통 ………… 146
Ⓑ 백조 모양의 꽃바구니 ……… 70페이지
Ⓒ 도자기 모양의 꽃바구니 ………… 59페이지

Ⓐ 솜씨 바구니 ············ 111페이지
Ⓑ 와인 바스켓 ············ 106

Ⓐ 풍경형의 전등갓 ·········· 132페이지
Ⓑ 볼형의 전등갓 ·········· 128페이지

Ⓐ 쇼핑 바구니 ········· 160페이지
Ⓑ 접시 ········· 119페이지

Ⓐ 테이블 바스켓 ·········· 178페이지
Ⓑ 피등으로 만든 접시 ········ 197페이지

● 야채 바구니 ············ 123페이지

취미생활과 주부의 부업을 위한
등공예

편집부편

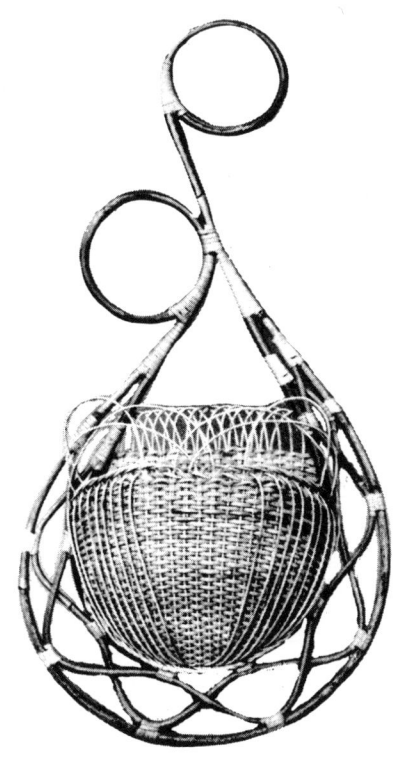

머 리 말

나무를 가지고 만들어내는 생활예술의 범주에서 등공예만큼 아름다운 구조와 형태를 가지고 있는 소재도 드물 것이다. 부드러운 선의 율동, 그것은 정말 아름다움의 극치가 아닐 수 없다. 섬세함과 유연함이 함께 어우러진 속에서 등공예는 더욱 빛을 발휘한다.

산뜻하게 단장된 거실이나 마루에 멋스럽게 놓여진 등의자 한 개! 그 아름다움은 누구라도 한 번쯤 앉아보고 싶은 충동을 충분히 느낄 수 있으리라 믿는다.

등가구가 멋스러운 만큼 만들기까지는 상당한 각고의 노력이 뒤따르게 된다. 그렇다고 등공예가 어떤 특정한 사람들의 전유물이 될 만큼 고도의 기술만을 요하는 것은 아니다. 누구라도 그 원리와 기술만 잘 활용하면 충분히, 손쉽게 자신의 예술로 키워갈 수가 있는 것이다.

이 책은 초보자와 전문가가 함께 할 수 있는 등공예의 모든 것을 다룬 최신판 등공예 가이드이다. 전품목을 사진으로 나타내었으므로 보다 쉽게 배울 수 있으리라 믿는다.

차 례

칼라 화보··· 3
첫머리에··· 13

기초편

등··· Rattarm ·· 18
등나무의 역사·· 19
재 료·· 20
도 구·· 22
짜기 시작하기 전에·· 24
바닥 짜기·· 30
엮는 무늬와 엮는 방법의 종류································ 34
테두리 마무리·· 41
태민 감기·· 43
피등 감기·· 46

초급편

단지형의 꽃바구니·· 50
바깥울타리 무늬의 꽃바구니··································· 54
도자기 모양의 꽃바구니·· 59
캔디 박스·· 63
백조 모양의 꽃바구니·· 70
쟁 반·· 76
위가 둥근 꽃바구니·· 81
플라워 포트··· 85
깃털 무늬의 솜씨바구니·· 89

3각형 바닥의 바구니·····································94
빵바구니···100
와인 바스켓··106
솜씨 바구니··111
소반형 바구니··115
접　시···119
야채 바구니··123
볼형의 전등갓··128
풍경형의 전등갓······································132
악어모양 바구니······································137
장식 거울··142
쓰레기통···146
포스터 스탠드··150
곤돌라형 바구니······································156
쇼핑 바구니··160
숄더 백··165

중·상급편

환등의 벽장식··174
테이블 바스켓··178
양동이 모양의 바스켓································184
삼륜차 위의 작은 바구니·····························190
피등으로 만든 접시··································197
잡지대···203
세탁물 상자··207
소용돌이 무늬 장식장································216

기초편

등나무는 옛부터 사용되어오던 친근한 재료이지만, 어떻게 취급하는 것이 좋은가는 의외로 알려져 있지 않다. 그래서 여기에서는 등나무의 역사, 등나무의 성질, 기본짜기 방법 등 엮기 전의 기본적인 지식에 대하여 나열해 보았다.

등···Rattarm

등나무는 열대나 아열대 기후 토지에서 자생하는 덩굴성 식물이다. 야자나무과에 속하며 긴 줄기를 갖고, 때로는 200미터 이상의 길이로도 길게 자란다.

원산지로는 아시아 남부의 인도네시아와 말레이지아, 거기에 오스트레일리아와 아프리카 일부 등이다.

성질로는 가볍고 강인하며, 탄력성도 풍부하고, 게다가 내구성이라는 특성을 갖고 있다. 줄기의 굵기는 여러가지로 1m/m~60m/m 정도까지 있기 때문에 이용 범위도 작은 바구니에서 침대, 소파 등의 커다란 가구류까지 대단히 넓다.

종류도 200종 이상으로 많고, 자연색은 사용해가는 동안에 엿색이 되는 것 외에 소재에는 없는 독특한 맛이 우러나온다. 염료로 착색한 것도 많이 보인다. 자연인 채로 쓰는 것이 내구성이 있지만, 착색하는 것에 따라 인테리어 코디네이트의 폭을 넓힐 수 있다.

산지는 5~6년생으로 자란 등나무를 벌채하며, 물에 담가 채물을 빼고, 외피를 벗겨 출하한다. 우리나라에 수입하는 단계는 다시 가공되어 둥근심, 피등, 환등, 민등(껍질을 벗긴 것, 표피가 붙어

등나무 원목, 이렇게 줄기에는 가시가 있다.

있는 것) 등 각 종류별로 나뉘어진다.

등나무의 역사

등나무는 약 1000년의 역사와 함께 계속되어 왔다.

옛날에는 전쟁의 무기에도 많이 사용되었다. 또 건축에도 사용되어 건축 때 용마루와 용마루의 접합에 못을 사용하지 않고 등나무를 감아서 바싹 죄거나, 재질이 금가는 것을 막기 위하여 테로 죄어서 사용하는 없어서는 안될 소재였다. 이 때문에 등공예 장인은 목수보다도 중요시되어 상좌에 앉았다고 할 정도이다. 그리고, 그 기술은 대나무와 함께 중국에서 전해졌다고 한다.

제2차 세계대전 중에도 등나무는 여러가지로 사용되었다. 배가 손상되지 않게 하기 위하여 옆현에 설치하고, 야포 등의 포가 늪지나 습지를 건널 때 깔도록 하였다.

이와 같이 전쟁의 무기나 건축에 많이 사용된 등나무이지만, 생활용구로서도 옛부터 사용되어 왔다. 특히 등공예가 진보하여 삿갓이나 등세공, 담뱃대꽂이 등을 만들고, 실크로드, 양자강을 거쳐 만주에서 유제품(柳製品) 수법이 등나무에 응용되어 들어왔다.

벌채된 등나무는 외피를 벗겨, 표백되어 출하된다. 사진은 출하 전의, 창고에 쌓여 있는 등나무 다발

현재는 바구니에서부터 의자, 침대 등의 가구 조도에 이르기까지 폭넓게 사용되고, 레턴 퍼니처라는 말조차 생길 정도이다. 게다가, 이전에는 청량함을 부르는 여름가구라는 이미지가 있었지만, 현재에는 올 시즌의 것으로서 언제 어디에서도 사용되고 있다.

역사는 변하여도 등나무가 갖는 자연 소재의 좋음, 바구니로서의 아름다움, 조형의 자유로움, 생활 용구로서의 이점은 언제까지나 변하지 않을 것이다.

재 료

일반적으로 사용되고 있는 등나무 재료는 민등, 환등, 환심, 반심, 피등 등이다. 이런 재료를 사용 목적에 따라 나누어 사용한다.

① 민등(民藤)

의자나 테이블 등의 가구류를 만들 때의 구조재로서 사용된다. 굵기에 따라 태민(太民), 중민(中民), 유민(幼民)의 세 종류로 나누고, 각 종류마다 표피가 붙어있는 것과 표피를 깎은 것이 있다. 가공하는 데에는 가스 버너 등을 사용하여 가열하고, 버팀목(후에 설명) 등의 도구를 사용하여 구부리면 정형적인 곡선을 만들 수 있다.

- 유민(幼民)…굵기 10m／m～16m／m
- 중민(中民)…굵기 16m／m～24m／m
- 태민(太民)…굵기 24m／m～33m／m

※ 최근에는 60m／m 이상의 굵기를 대태민(大太民)이라고 부르는데, 덩굴이 있는 표피가 붙고, 마디가 깨끗한 마누라고 하는 민등도 많이 등가구에 사용된다.

② 환등(丸藤)

직경 5～10m／m 정도 굵기의 표피가 붙은 등나무로서, 의자의 자리 등에 건너 지르는데 쓰거나, 바구니 등의 두꺼운 곳에 사용된다. 또 칸막이나 의자, 선반 등의 장식에도 사용되고 있고, 장식 무늬인 소용돌이에도 이것을 사용하여 만든다.

민등 : 왼쪽에서부터 대태민, 태민, 중민, 유민.

민등 : 위에서부터 마누, 껍질이 붙은 태민, 껍질이 붙은 중민.

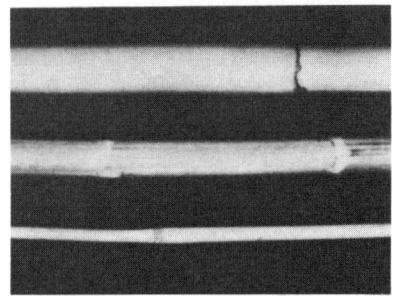

환등 : 왼쪽에서부터 샴등, 쟈가등, 보게등.

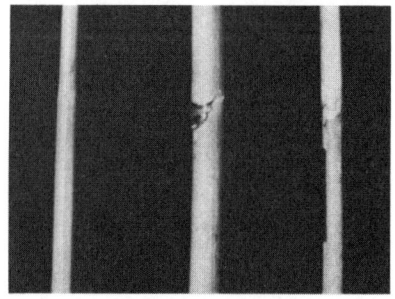

왼쪽에서부터 피등, 반심, 환심 3.5m / m, 환심 $2\frac{3}{4}$ m / m, 환심 $2\frac{1}{2}$ m / m, 환심 2m / m.

이 환등은 재질에 따라 다음과 같은 종류에 나눌 수 있다.
- 샴등… 광택 등나무라고도 불리며, 표피에 광택이 있고, 재질적으로도 뛰어나다. 의자의 자리 등에 사용되는 경우가 많음.
- 쟈가등…표피에 광택은 없지만 탄력성이 있음. 바구니의 테두리나 보이지 않는 곳에 사용되는 재료임.
- 보게등…다른 환등에 비하여 광택에서도, 재질면에서도 떨어지지만, 부드럽고 가볍다는 특징이 있다. 커다란 바구니를 만들 때 테두리나 장식 무늬의 소용돌이 무늬 등에 사용된다.

③ 환심(丸芯), 반심(半芯), 피등(皮藤)
- 환심…등공예 재료로서 가장 많이 사용되는 것으로, 사릿대라고 불린다. 굵기는 1m/m~10m/m 정도까지 있고, 잘 사용되는 것은 2m/m, 2.5m/m, 2.75m/m, 3.5m/m의 굵기의 것임. 사용할 때에는 물에 5분 정도 담가두면 부드럽게 되어 취급하기 쉽다. 또 끝만 표백한 것, 반 표백, 전부 표백한 것 세 종류가 있고, 표백한 것만큼 희게 되어 있다.
- 반심…일반적으로 절단면의 가운데가 볼록한 형으로 된 5m/m 폭의 것이 많이 사용된다. 바구니를 짤 때나 의자의 다리에 감을 때에 사용된다.
- 피등…환등의 표피를 잘라서 만든 것. 일반적으로 사용되는 것은 5m/m 폭. 손으로 만든 것과 기계로 만든 것 등이 있다. 손으로 만든 쪽이 살도 두껍고 강하다. 이 재료는 의자의 당김새, 감기, 끝막음 등에 잘 사용된다. 바구니 짤 때도 사용할 수 있다. 주로 끝마무리용 재료이다.

도 구

등공예는 손으로 엮거나, 구부리거나 하는 작업이 주된 것으로, 그 만큼 특수한 도구를 사용할 필요는 없다. 이 책의 작품을 만드는 과정에서 사용되는 도구는 다음에 보이는 대로이다.

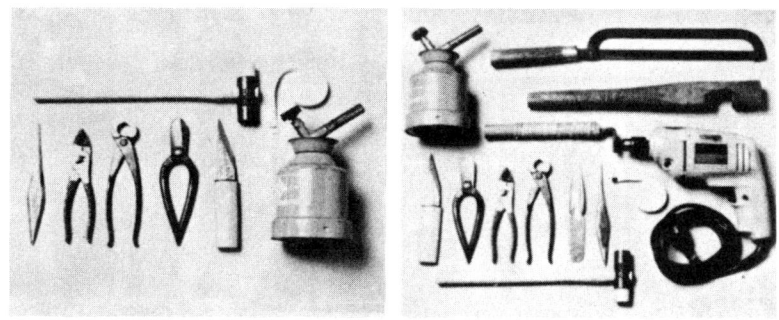

등공예에 필요한 여러가지 도구들.

초급 뜨기
● 가위…보통 꽃가위를 사용한다. 사릿대 등을 자른다.
● 송곳…전문적인 도구로서 붓사시, 쯔끼베라, 스쿠이베라라고 불리는 것이 있지만, 양재용 송곳으로 대용할 수 있다. 이것은 끝막음 마지막에 앞에 뚫은 구멍을 넓히거나, 덧날대(후술)를 보충할 때 넣기 쉽게 하거나, 바구니의 손잡이를 붙일 때에 구멍을 넓히거나 할 때 사용한다.
● 작은 칼…일반적으로 사용하는 한쪽면의 작은 칼. 환등과 환등을 합치는 경우에 깎거나, 환등을 깎거나 하는 경우에 사용한다.
● 집게…환심이나 환등을 직각으로 구부릴 때 사용한다. 구부린 부분을 끝으로 집어서 눌러, 매듭을 짓는다.
● 자…만드는 것을 재거나, 그 크기에 맞추어 날대 등을 자를 때 사용한다.

중·상급편
초급편에서 사용한 도구도 전부 사용하지만, 그 외에 태민을 가공하거나, 조립하거나 하는 도구가 필요하게 된다.
● 톱…민등을 자르는 도구로서 사진과 같은 활톱이 있다. 그러나 이 도구는 구입하기 힘들기 때문에 대용으로서 눈이 촘촘한 대나무용톱, 양면날톱을 사용한다.

● 쇠망치…못을 박을 때 사용한다. 대소 두개를 준비해 두고, 박는 못에 따라 분리하여 사용하도록 한다.
● 버팀목…민등을 똑바로 펼 때나, 곡선을 만들 때 사용한다. 딱딱한 재질에 민등을 더해 넣는 형태로 구멍을 넣어 만든다. 민등을 상처내지 않도록 각을 깎아낸다.
● 드릴…민등은 못을 박으면 갈라지기 때문에 미리 드릴로 구멍을 뚫어두면 작업하기가 쉽다. 가정용 전기 드릴이 편리하지만, 핸드 드릴로도 충분하다. 단, 민등에 피등을 감을 때는 피등을 끼워넣는 구멍을 뚫기 때문에 전기 드릴이 없으면 불편하다. 드릴의 칼은 여러 종류의 직경이 필요함.
● 가스 버너…민등을 구부릴 때나 펼 때 사용한다. 가정용 곤로로 대용할 수 있지만, 공예용 가스 버너가 있으면 편리함.
※ 이상과 같은 도구가 있으면 모든 등제품을 만들 수 있지만, 그 외 다음과 같은 도구가 있으면 편리하게 사용할 수 있다.
● 철 파이프…철이나 스텐레스로 된 둥근 파이프. 민등의 끝을 구부릴 때 파이프에 끼워넣어 구부리면 편리함.
● 뻰찌…못머리를 자르거나 가위로 자르기 힘든 환등을 자를 때 사용한다.
● 껍질 벗기는 기구…칼끝이 둥글기 때문에 민등의 둥근 면을 깎을 수 있는 도구. 둥근 민등이 타거나 갈라질 때 이 도구를 사용하여 자른다. 거친 샌드페이퍼로 대용할 수 있다.
● 스쿠이베라…피등을 사용하여 당길 때 사용한다. 짜넣는 피등 끝을 이 베라로 떠내어 작업한다.

짜기 시작하기 전에

등나무는 물을 먹으면 부드러워진다

등은 수분을 먹으면 부드러워지고, 구부러지기 쉽게 된다는 특성이 있다. 그 때문에 짜기 시작하기 전에 미리 10분 정도 미지근한 물(찬물도 좋음)에 담가두고나서 작업한다. 또 짜는 도중에 건조하면 다시 적셔둔다. 분무기로 물을 뿜든가 젖은 천으로 덮어놓아도 괜찮다.

이와 같이 등나무를 짜는 데는 재료를 충분히 적셔놓는 것이 잘 엮는 방법의 하나이다.

날대와 사릿대

등을 엮을 경우 어떤 작은 것을 엮더라도 날대와 사릿대로 만들어간다. 날대가 세로가 되고, 그 날대에 사릿대를 교차하여 간다(사진 ①).

이 날대와 사릿대를 각기 같은 굵기의 재료를 사용하여 엮는 경우는 될 수 있는 한 단단한 것을 골라 날대로 준비하고, 처음 시작하는 사릿대는 될 수 있는 한 부드러운 것을 사용한다.

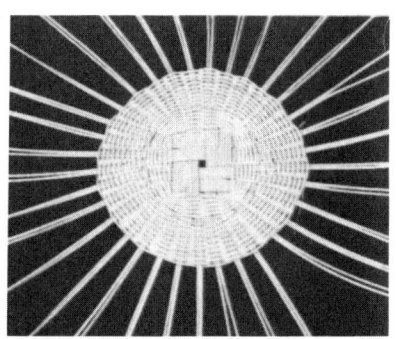

사진 1. 날대가 세로가 되고 그 날대에 사릿대를 교차하여 간다.

• 날대끼리의 간격

날대와 날대의 간격이 너무 넓으면 쿨렁쿨렁하여 모양이 비뚤어지고 만다. 일반적인 간격의 경우, 그 날대 크기의 4~7배 이하가 적당하다고 할 수 있다. 그러나 너무 좁으면 엮어나가기 힘들어진다(그림 1).

• 날대의 길이

날대의 길이는 다음과 같이 계산하면 된다. '만들고자 하는 물건의 밑바닥 직경+(높이×2)+(둘레의 처음부터 끝까지의 길이×2)=날대의 길이'가 된다. 이때 테두리의 처음부터 끝까지의 길이

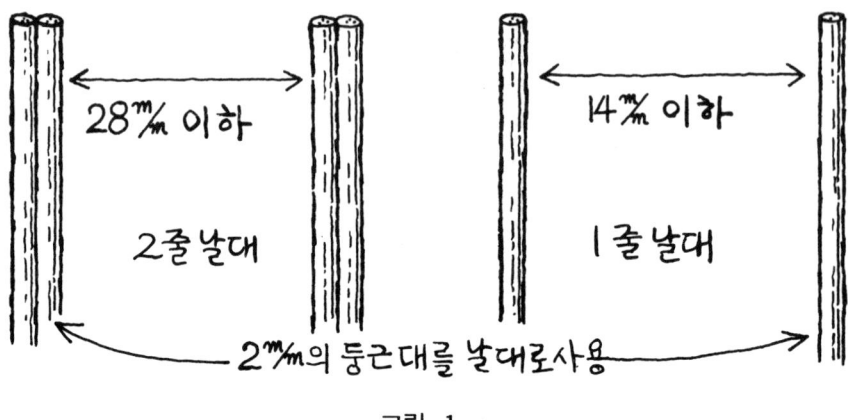

그림 1

는(시말 분) 날대의 간격과 그 시말 방법에 따라 다르기 때문에 초심자의 경우는 길게 해두는 것이 좋다.

• 날대의 갯수

날대의 수는 만드는 물건의 밑 원주에서 산출해 낸다. '밑직경× 3. 14=원주, 원주÷날대의 간격÷2=날대의 숫자'의 방법으로 계산한다. 마지막에 두개로 나뉘는 것은 한 개의 날대 중심이 밑중심이 되기 때문에 한 개의 날대 양끝을 사용할 수 있다.

• 사릿대 더하는 법

사릿대 길이는 길어야 4m이다. 그 때문에 한개를 다 짰으면 다음 대를 더하여 다시 엮어나간다. 이렇게 더해가며 엮는 법도 여러가지 있지만 대표적인 것으로는 다음 세가지가 있다.

그림 A…보통 바구니를 짤 때 더하는 법. 사릿대를 날대 밑에 두고 밑바닥 쪽으로 다음 대를 겹쳐 그대로 짠다.

그림 B…이 방법은 중량이 나가는 경우에 사용한다. 짜는 것은 A와 같지만 다음 더하는 대는 그 두개 전의 날대 측면에 끼워 넣는다.

사진 C…이것은 3가닥 새끼꼬기 경우에 더하는 방법임. 사릿대는 날대 앞에 대고 그 대와 날대 사이에 다음 사릿대를 끼워넣는다.

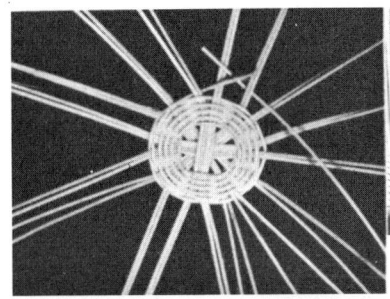

사진 A. 보통 바구니를 짤 때 더하는 방법

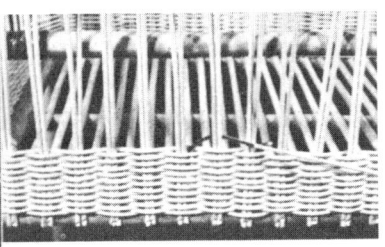

사진 B. 짠 부분에 중량이 나갈 때의 더하는.

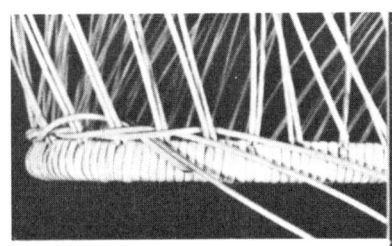

사진 C. 세가닥 새끼 꼬기 경우의 더하는 법.

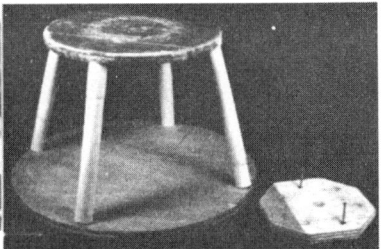

사진 2. 깨끗한 형태로 짜기 위해서는 틀이 필요.

틀을 사용할 때

똑바로 짜거나, 바깥쪽을 향하여 열리듯이 짜는 것은 의외로 어렵다. 이때 틀을 사용하는 것이 중요하다(사진 ②).

본격적인 틀을 만드는 것도 좋지만 시판되는 용기나 빈깡통 등으로 적당한 것을 찾아 사용할 수 있다.

틀을 사용할 때는 우선 밑바닥을 엮은 다음, 틀의 밑에 작은판과 못을 박아 단단하게 고정한다.

또 똑바로 원통형을 짤 때는 전부 짜고나면 빠지기 쉽기 때문에 중간에 틀을 조금씩 물려놓든가, 틀을 따라 환등 등을 넣어 그 환등을 물려나가며 엮는다(그림 2).

민등을 사용할 때

민등에는 표피가 붙은 것과 표피를 깎은 것이 있다. 어느쪽을

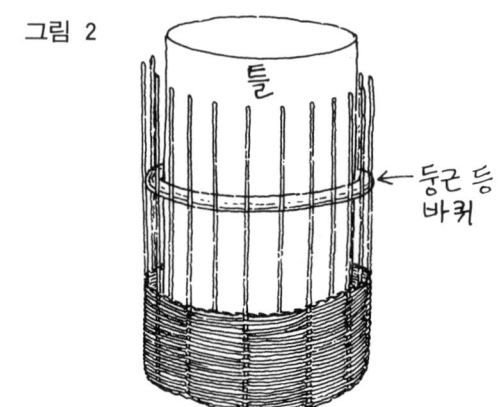
그림 2
틀
← 둥근 등 바퀴

사용해도 작업상에는 변화가 없다. 단 표피가 없는 것은 마무리에서 샌드페이퍼로 닦는 편이 깨끗한 끝마무리가 된다.

민등을 구부리는 가공에는 열을 사용하여 다음과 같은 방법으로 작업한다.

① 나무자르기…만드는 물건의 사이즈에 맞추어 잘라 준비한다.

② 민등의 구부러진 부분에 열을 가하고(사진 ③), 그 부분에 버팀목을 대고 지렛대의 원리를 이용하여 구부러진 곳을 편다(사진 ④).

③ 깎는다…껍질이 붙어있는 민등은 샌드페이퍼로 깨끗이 깎는다.

④ 구부린다…구부리려는 부분에 열을 가하여 무릎에 대고 필요한 만큼 구부린다(사진 ⑤).

⑤ 조립…구부린 부품을 조립하여 간다.

※그 다음 피등으로 받치고, 용도에 따라 엮거나 환등을 대거나 하여 하나의 제품이 완성된다.

착색하는 경우

등은 본래 그 소박한 색조도 하나의 특징으로서 선호되고 있지만, 최근에는 염색하거나, 또는 페인트 도료를 한 것이 많아지고

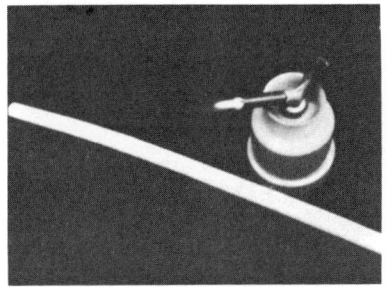

사진 3. 구부린 부분을 버너로 가열한다.

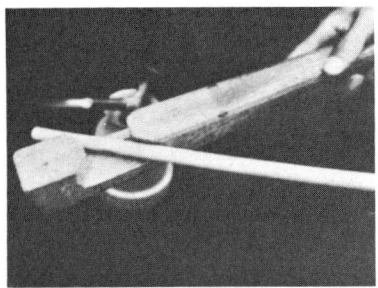

사진 4. 버팀목을 대고, 지렛대를 사용하여 편다.

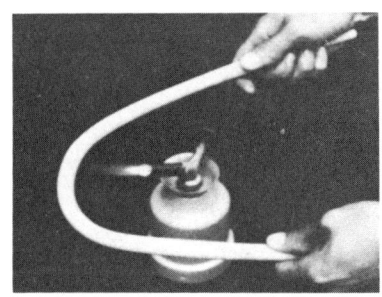

사진 5. 구부리려는 부분을 가열하여 구부린다.

사진 6. 착색은 염료나 오일 스테인을 사용하고 마무리에 클린 라카, 투명 니스를 칠한다.

있다. 지금까지의 등제품과는 다른 신선함을 느낄 수 있다.

 착색의 방법으로서는 염료를 사용하는 방법과, 오일 스테인을 사용하는 방법이 있다. 염료는 직접 염료, 염기성 염료 어느쪽도 사용할 수 있고, 좀더 다른 색으로 염색할 수 있다. 오일 스테인의 경우는 다크 브라운이다.

 어느쪽을 사용해도 그늘에 잘 말려서 탈색 방지 처리를 하고, 클리어 라카나 투명 니스로 도료한다(사진 ⑥).

 또, 인테리어 잡지 등에서 볼 수 있듯이, 흰색이나 황색 등의 유성 페인트를 도료하여도 괜찮다. 단, 내구성은 좋지 않게 된다.

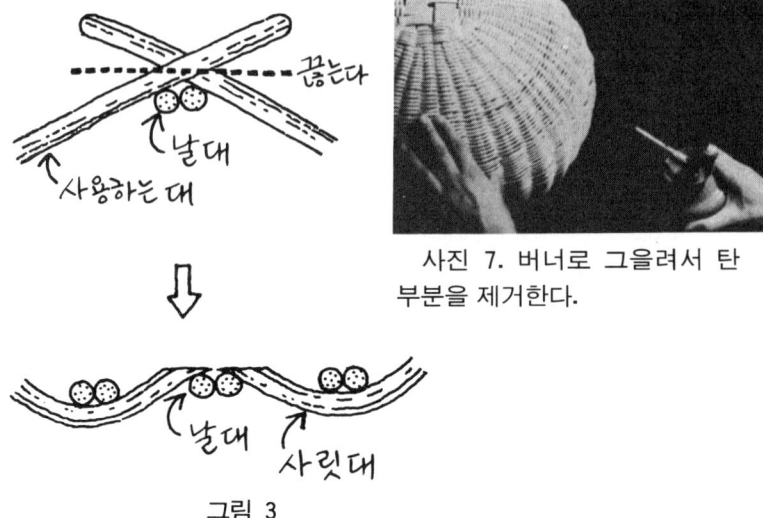

사진 7. 버너로 그을려서 탄 부분을 제거한다.

그림 3

마무리

다 된 작품은 형태를 잘 정리하고, 사릿대의 접촉하는 면이 걸리지 않도록 가위를 사용하여 짧게 잘라 넣는다. 자르는 쪽은 그림 3과 같이 가위를 뉘어서 비스듬하게, 될 수 있는 한 짧게 자른다.

다음에 환심을 사용하는 경우는 보풀이 서기 때문에 그 보풀 선 것을 깨끗하게 한다. 방법으로는 가스 버너(가정용 가스 곤로도 좋다)로 보풀 선 것을 태우는 것이 좋다(사진 7). 타지 않도록 살짝 그을린다. 탔다면 손봉적기계 등으로 탄 부분을 제거한다.

민등을 사용한 경우는 착색하지 않아도 클린 라카로 마무리하는 것이 좋다.

바닥 짜기

십자 짜기

가장 일반적인 방법으로 바닥 짜기의 기본이 되는 것이다. 날대 다발을 반으로 나누고, 그 중심을 교차시켜 십자로 하여 사릿대로 고정해 나가면서 올라갔다 내려갔다 하며 짜나간다. 이 날대 다발은 평평하게 하면 완성된 것이 깨끗하다. 날대 숫자가 12개 정도까지 이 방법을 사용한다(사진 ⑧).
  米자 엮기
  날대 숫자가 많은 경우에 사용한다. 날대 다발을 넷으로 나누고, 그 중심을 米자 형태로 놓고 사릿대로 고정해 나가면서 엮어나간다(사진 ⑨).

사진 8. 십자 짜기

사진 9. 米자 엮기

  井자 엮기
  날대 다발을 넷으로 나누어 井자로 만들어 사릿대로 고정해 나가면서 엮는다. 중심에는 정방형 모양이 생긴다(사진 ⑩~⑬).
  井자 변형
  날대 숫자가 너무 많고, 중심에 겹쳐지는 부분이 너무 두껍게 되어 취급하기 힘들 경우에 흔히 사용하는 방법이다. 날대 다발을 8개로 나누어, 그 가운데 4다발로 우선 井자를 만들고, 나머지 4다발을 각기 이제까지의 반대로 거꾸로 하여 井자가 이중으로 되게 하여 엮는다. 역시 중심에는 정방형의 井자가 생긴다(사진 ⑭ ~ ⑰).
  삼각 소용돌이
  삼각형 바구니 등을 엮을 때 사용한다. 날대 다발을 3으로 나누어 중심을 합쳐 사릿대로 고정해 나가면서 엮는다. 중심에 작은 삼각형의 구멍이 생긴다(사진 ⑱ ~ ㉑).

사진10. #자 엮기①   사진11. #자 엮기②

사진12. #자 엮기③   사진13. #자 엮기④

사진14. #자 변형①   사진15. #자 변형②

사진16. #자 변형③   사진17. #자 변형④

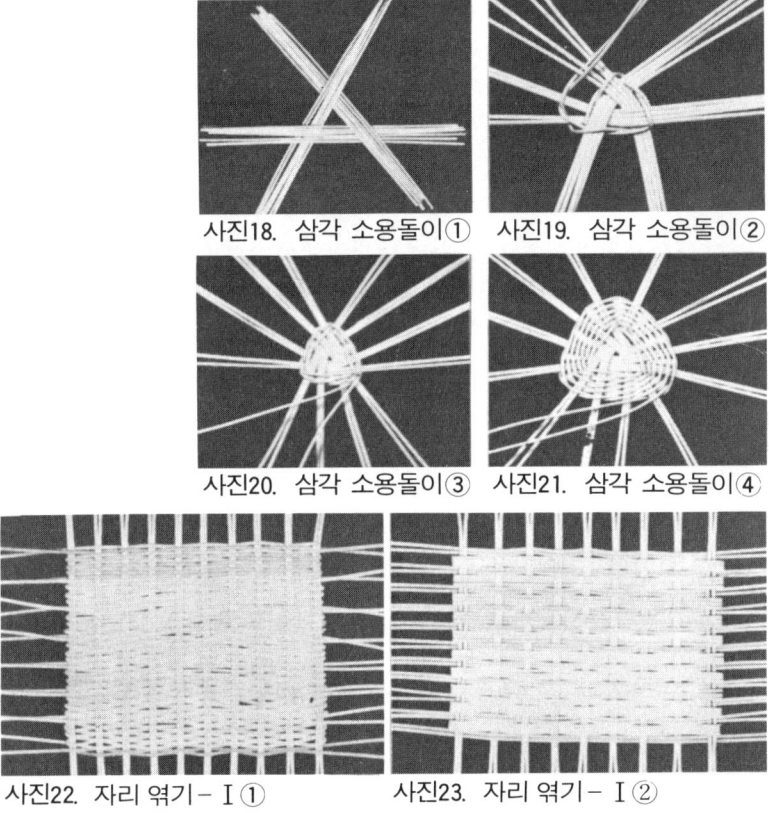

사진18. 삼각 소용돌이① 사진19. 삼각 소용돌이②

사진20. 삼각 소용돌이③ 사진21. 삼각 소용돌이④

사진22. 자리 엮기-Ⅰ① 사진23. 자리 엮기-Ⅰ②

자리엮기-Ⅰ

 판에 2cm 폭의 눈금을 그리고, 엮기 시작하는 날대를 못으로 고정한다. 이 못으로 고정한 날대와 같은 간격이 되도록 사릿대를 3~4회 왕복하면서 처음 날대와 같은 정도로 늘려서(이 경우 사릿대와 날대는 같은 것) 잘라 가지런히 한다. 만들고 싶은 것의 치수가 될 때까지 이것을 반복한다. 어디까지나 날대의 간격은 같다. 바닥을 다 짜고 나면 사방각에 날대를 더한다. 짜나가면서 옆으로 나온 날대(사릿대)는 일어난 측면의 날대로 대신한다(사진 ㉒ ~ ㉓).

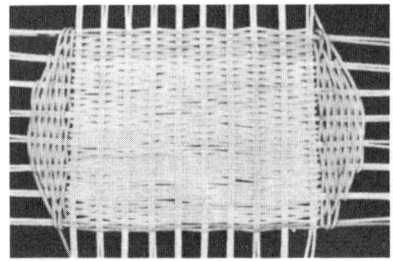 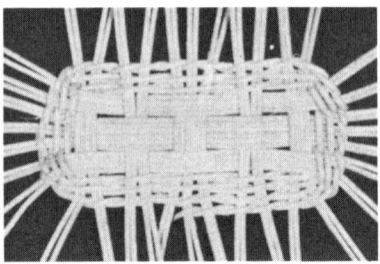

사진24. 작은 자리 - Ⅰ 사진25. 작은 자리 - Ⅱ

작은 자리 - Ⅰ
우선 자리를 만든다. 사방으로 나와 있는 날대의 같은 방향인 2면을 산 모양이 되도록 하여 되돌려 짜기를 한다(사진 ㉔).

작은 자리 - Ⅱ
날대를 장방형으로 엮고, 사릿대로 날대가 등분으로 벌려져 가도록 하고, 또 작은 자리가 되도록 엮는다(사진㉕).

엮는 무늬와 엮는 방법의 종류

무늬 짜기의 종류로는 100종류 정도가 있다. 또 소재로는 피등을 사용한 것, 환심을 사용한 것이 있다. 여기에서는 그 대표적인 엮는 방법에 대해서 조금 설명해 본다.

소쿠리짜기
평짜기(막엮기)라고도 한다. 가장 대중적으로 기본이 되는 기법이다. 소박한 등나무다운 아름다움을 표현할 수 있다. 날대는 1줄, 2줄, 3줄로 만드는 형이나 강도에 따라 바꿀 수 있다. 사릿대를 뒤, 앞, 뒤, 앞으로 짜면서 조여 나간다(사진 ㉖).

새끼무늬 엮기(=꼬아 엮기)
날대를 가운데로 하여 새기를 꼬듯이 하기 때문에 이런 이름이 붙었다. 2줄 새끼꼬기와 3줄 새끼꼬기가 있지만, 어느 쪽이든 바구니를 짤 때 바닥을 짠 다음 측면을 짜올라가기 때문에 막엮기 보다

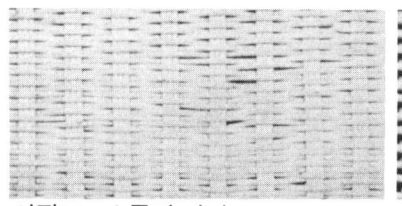

사진26. 소쿠리 짜기   사진27. 꼬아 엮기(새끼 무늬) A

 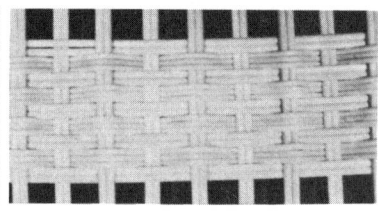

사진28. 꼬아 엮기 B   사진29. 돗자리 짜기

훨씬 단단하게 고정시킬 수 있는 특징이 있다. 그 외에 작품의 마무리, 테두리 등에 사용한다. 또 2줄 새끼 꼬기와 3줄 새끼 꼬기를 연속하면 아름다운 무늬가 된다(사진㉗ ~ ㉘).

미랑짜기(돗자리)

우선 굵은 대가 똑바로 평평하게 되도록 짠다. 그렇게 하면 날대가 고, 저, 고, 저가 된다. 다음에, 가는 대로 날대의 고저가 헝클어지지 않도록 각도를 맞추어 짠다. 이렇게 반복하여 짠 흔적이 밭이랑과 같기 때문에 이런 이름이 붙었다(사진 ㉙).

3가닥 솔잎무늬

새끼꼬기의 변형으로, 깃털무늬짜기라고도 한다. 3줄 새끼꼬기를 단마다 꼬아 엮으면 다된 무늬가 솔잎처럼 된다(사진 ㉚).

울타리 무늬

날대를 상하로 교차시켜서 울타리의 처음과 끝을 새끼꼬기로 고정한다(사진 ㉛).

쌍울타리

위의 한가닥 울타리보다 상하 교차를 반복하여 새끼꼬기로 고정한다(사진 ㉜).

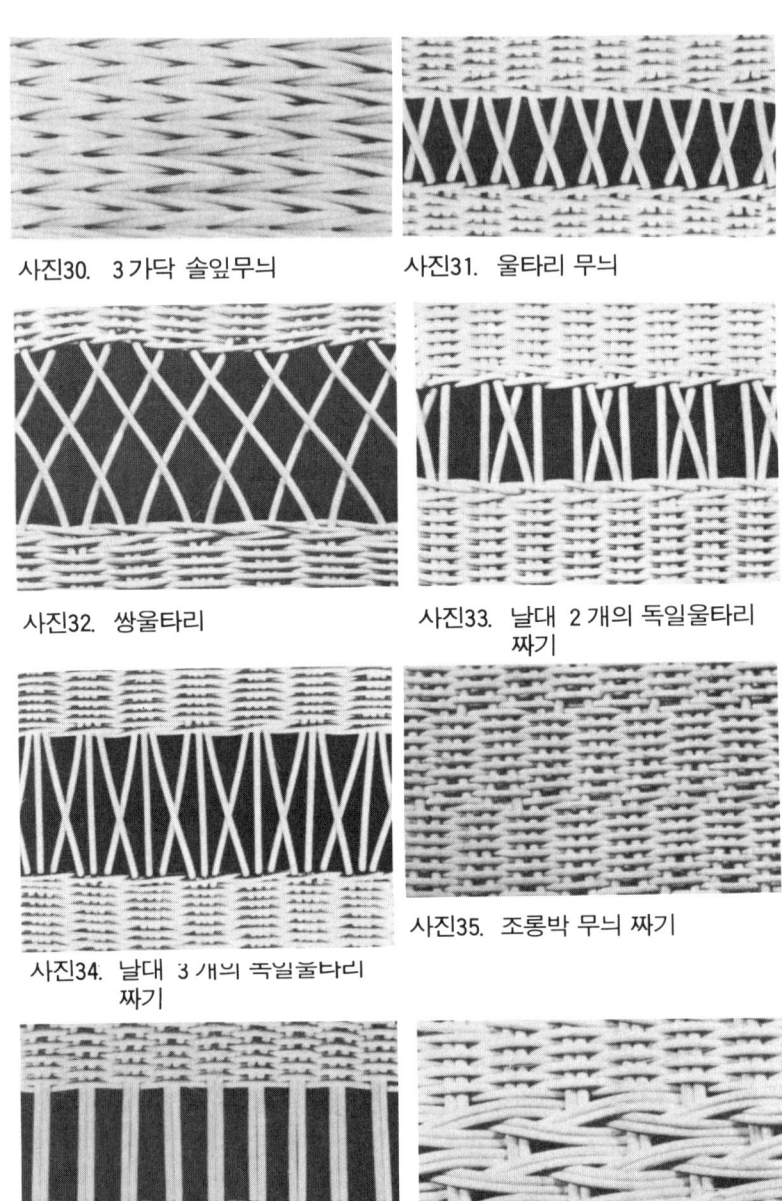

사진30. 3가닥 솔잎무늬

사진31. 울타리 무늬

사진32. 쌍울타리

사진33. 날대 2개의 독일울타리 짜기

사진34. 날대 3개의 독일줄타리 짜기

사진35. 조롱박 무늬 짜기

사진36. 비침 무늬 짜기

사진37. 궁깃짜기 (2줄 궁깃)

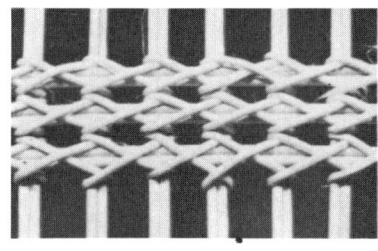
사진38. 마름모 무늬짜기

사진39. 수유나무 짜기

사진40. 2줄 솔잎 짜기

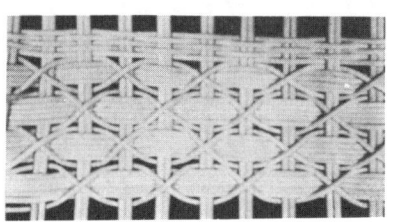
사진41. 지그재그 무늬짜기

독일 울타리
울타리 무늬의 변형의 하나이지만, 날대가 두가닥인 경우(사진 ㉝)는 안쪽 날대끼리 교차시키고, 날대를 세가닥으로 한 경우 (사진 ㉞)는 중심 날대는 그대로 하고 양바깥쪽 날대를 교차시킨다.

조롱박 무늬
2줄의 날대를 일정한 간격으로 짜고, 좌우 양쪽에서 한가닥씩 날대를 잡고 다시 일정한 간격으로 짜나간다. 이것을 계속하면 날대가 조롱박과 같은 무늬가 된다(사진 ㉟).

비침 무늬
날대를 똑바로 펴게 하여 아름다움을 살려서 짜는 방법으로, 비침의 처음과 끝은 새끼꼬리로 고정한다(사진 ㊱).

궁깃 짜기(2줄 궁깃짜기)
두가닥씩 갈라 3조의(여섯가닥이 된다) 사릿대를 3개로 새끼꼬리와 같이 날대 사이에 두고, 가장 뒤의 대를 가운데로 넣는다. 이것을 반복한다(사진 ㊲).

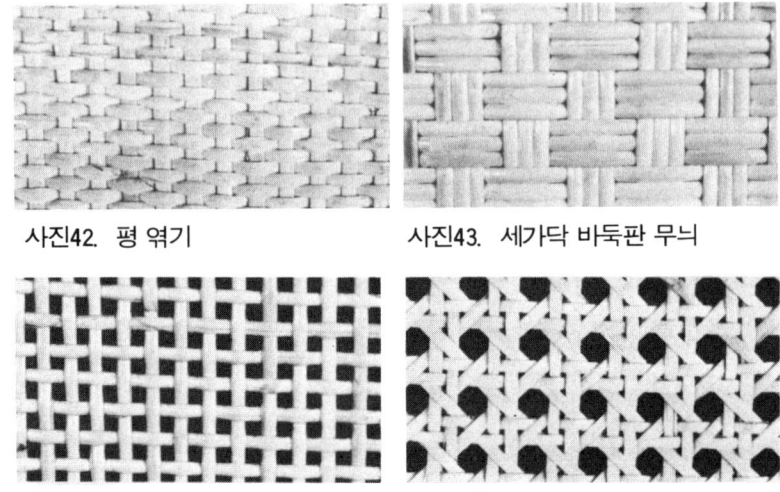

사진42. 평 엮기 사진43. 세가닥 바둑판 무늬

사진44. 사방짜기 A 사진45. 사방짜기 B

마름모 무늬
날대 2줄을 일정한 간격으로 나란히 하고, 그 날대에 직각으로 교차하듯이 사릿대를 적당하게 배치하고, 사릿대를 십자로 날대에 끼우면서 위에서 왼쪽으로 한 번 감고, 아래에서 오른쪽으로 한번 감기를 반복해 가면 사릿대가 마름모로 교차된 무늬가 된다(사진 ㊳).

수유나무 짜기
가운데 궁깃에 길게 끈을 드리우듯이 짜고, 그것을 대로 하여 평뜨기를 뜬다. 그러면 양 사이드의 대는 비스듬히 교차된 줄무늬가 되어 간다(사진 ㊴).

2줄 솔잎짜기
처음 단을 2줄 새끼꼬기를 하여 오른쪽으로 향하게 하고, 다음 단은 왼쪽으로 향하게 하여 짜나가면 솔잎이 나란한 것 같은 무늬가 생간다(사진 ㊵).

지그재그 무늬
가운데 4줄은 평뜨기이고, 바깥쪽의 심은 비스듬한 사선이 된다(사진 ㊶).

사진46. 사방짜기 C

사진47. 나뭇결 무늬 짜기

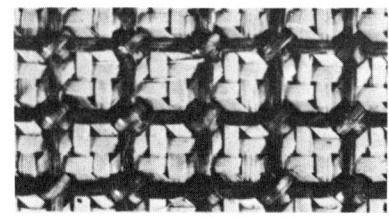
사진48. 바구니 무늬 십자묶음(겉)

사진49. 바구니 무늬

평엮기

멍석(자리) 뜨기라고도 한다. 환심으로 짜는 막엮기와 같은 방법이지만, 주로 가구, 깔개에 사용한다(사진 ㊷).

세가닥 바둑판 무늬

평뜨기를 가로, 세로 모두 세가닥으로 한 무늬이다. 정연한 바둑판 무늬가 아름답고, 의자의 자리를 할 때 최적이다(사진 ㊸).

사방 짜기

활과 화살을 넣는 상자로서 옛부터 사용되어 왔던 방식이다. 날대를 빈틈없이 단단히 당기고, 사릿대로 '2줄 건너뛰고 2줄 뜬다'를 반복하고, 다음 단에서 날대 하나씩 밀려서 2줄 건너뛰고 2줄씩 뜨는 것을 반복한다. 그렇게 하면 비스듬한 흐름이 있는 아름다운 무늬가 생긴다.

사진50. 꽃무늬짜기

사진51. 1줄 젖히기

사진52. 왼쪽 1줄 젖히기

사진53. 국화마무리

날대의 건너뛰는 방법에 따라 눈의 차이에 변화를 줄 수가 있고, 또, 재료의 선택 방법, 색의 차이에 따라 여러가지 표현의 가능성이 있기 때문에 다양하고 이용 범위가 넓은 짜기이다(사진㊻).

나뭇결 무늬

피등의 폭만큼 벌려, 단단히 쥔 날대에 사릿대로 '2줄 건너뛰고 2줄 뜨는' 방식을 반복한다. 2단째에서도 같은 요령으로 하는 것은 같지만, 전단과 날대를 1줄씩 물려서 하면 나뭇결과 같은 무늬가 생겨서 이런 이름이 붙었다(사진 ㊼).

바구니 무늬의 십자묶음

우선, 바구니 짜기를 한다. 다음에 6각으로 된 井자 위에 대를 세로로 놓고, 가로로 지나는 대를 위에 놓는다. 그리고 안에서 위로 대를 비스듬히 대어가면서 짜는 방법이다(사진 ㊽ ~ ㊾).

꽃무늬 짜기

우선 날대를 3줄 1조로 하여 간격이 같게 나란히 한다. 사릿대는 날대의 위에서 아래로 감으며 비스듬히 짜나간다. 다음에, 비스듬히 짠 사릿대와 교차하도록 날대를 뜨면서 사릿대를 위에서 누르면서 짜나간다(사진 ㊿).

사진54. 가운데 1줄 마무리, 한 줄은 안으로 반대로 마무리.

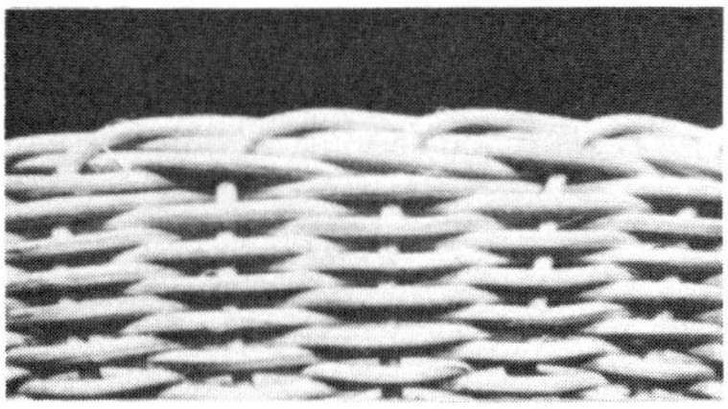

사진55. 2줄 1줄 꺾기.

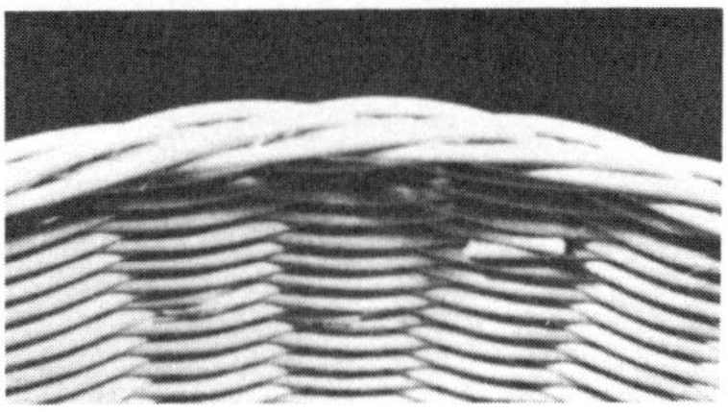

사진56. 2줄 젖히기

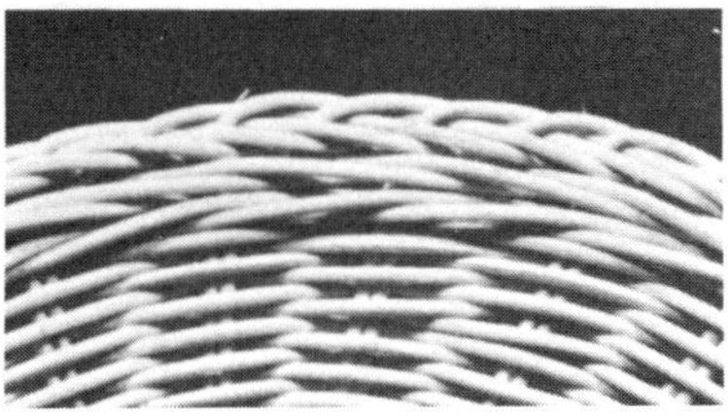

사진57. 2줄 건너뛰기

테두리 마무리

바구니 만들기의 포인트는 바닥 짜기와 이 테두리이다. 모처럼 모양좋게 완성한 바구니라도 테두리 마무리가 깨끗지 않으면 아무것도 안된다.

이 테두리 마무리에는 날대로 짜는 방법과 날대에 환등 등을 대고 피등 등을 감아서 하는 두 가지 방법이 있다. 여기에는 날대를 꺾어 엮는 방법을 설명한다.

날대가 두가닥인 경우

• 1줄 젖히기…다음에 오는 날대를 건너뛰고 2조째의 날대 위에서 안쪽으로 넣는다(사진 (51)).

• 왼쪽 1줄 젖히기…1줄 젖히기 방법을 왼쪽 방향으로 젖히는 방법(사진 (52)).

• 국화 마무리…다음에 오는 날대를 한 줄 건너뛰고, 2줄째의 날대의 위를 지나 3번째 날대의 왼쪽에 꽂는다(사진 (53)).

• 가운데 1줄 마무리, 한 줄은 안으로 반대로 마무리…다음에

사진58. 4줄 날대감아엮기

사진59. 높은 파도 무늬

사진60. 1줄 건너꺾기

사진61. 안쪽으로 2줄 꺾기.

오는 날대를 한 줄 건너뛰어 앞으로 낸다. 이것을 1바퀴 돌고, 이 앞으로 나온 날대를 아래에서 1줄 건너뛰어 2조째의 날대를 위쪽에서 아래로 통하게 한다(사진 ㉞).

날대가 1줄인 경우

• 2줄 1줄 꺾기…2줄의 날대를 건너뛰고, 세번째 날대의 위에서 안쪽으로 마무리한다(사진 ㉝).

• 2줄 젖히기…2개의 날대를 건너뛰어 앞으로 마무리한다(사진 ㊱).

날대 2줄을 1줄씩 꺾는 경우

• 2줄 건너뛰기…2줄의 날대를 1줄씩 나누어, 오른쪽 2줄의 날대를 건너뛰어, 다음 2줄의 날대 윙서 가운데로 넣는다(사진 ㊲).

• 4줄 날대 감아엮기…이 방법은 지금까지의 것과는 달리, 날대의 바깥쪽에 환심 등(너무 굵으면 틈이 생긴다)을 따라 그 위를 감아가면서 날대를 1줄씩, 4줄로 밖에서 안쪽으로 마무리한다(사진 ㊳).

이상이 비교적 단순하여 잘 사용되는 테두리 마무리 방법이다.

사진62. 1줄 높은 파도 무늬 짜기

사진63. 틀은 단단하게 못으로 고정시킨다.

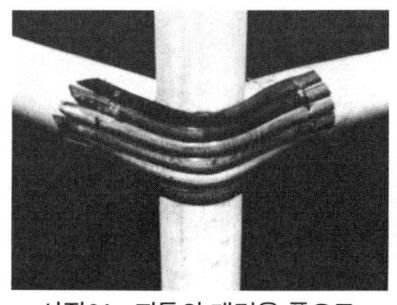
사진64. 피등의 태민을 폭으로 평평하게 하여 못을 박는다.

사진65. 단단하게 죈다.

이 외에도 여러 가지가 있다(사진 ㉟ ~ ㉒).
 여기에서는 날대 2줄과 1줄의 경우로 나누어 설명하였지만, 1줄 날대 방법을 2줄 날대의 경우에 사용해도 괜찮다. 날대의 숫자가 변하면 완성된 느낌도 달라지므로 여러 가지로 응용해 본다.

태민 감기

 가구 등의 커다란 것을 만드는 경우는 골조를 민등으로 만든다. 여기서 접합이라는 작업 공정이 들어가므로 그 기본적인 끝맺음에 대하여 조금 설명하여 둔다.
 ### 가장자리
 틀은 단단하게 못으로 고정시킨다(사진 ㉓). 그리고, 피등 3~8개를 태민의 폭만큼 평평하게 하고 못(20번 10m/m)으로 박아서

사진66. X 마무리 A

사진67. X 마무리(죈다)

사진68. T 자형 만들기

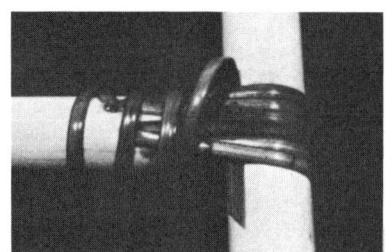
사진69. 고정시켜 감는다.

고정한다(사진 ⑭). 다음에 못과 피등의 절단면이 보이지 않게 다른 피등으로 감아가는데, 이때 피등의 감기 시작하는 끝은 빠지지 않도록 피등에 끼워넣고, 오른쪽 으로 틈이 생기지 않도록 꽉 감는다. 끝은 두번 느슨하게 감아두고 거기에 안쪽 속으로 꽂고나서 단단하게 죈다(사진 ⑮). 끝은 손이나 의류에 걸리지 않도록 깨끗하게 깊이 넣는다.

X마무리

십자로 된 곳을 감을 때 사용한다. 피등 끝을 십자 위로 내어 그 위를 누르듯이 오른쪽으로 감고, 십자로 1줄씩 감아서 1바퀴 돌린다(사진 ⑯ ~ ⑰).

T자 감기

T자형으로 된 곳을 감는 법이다. 틀을 단단히 못으로 고정하고, 태민의 굵기에 따라 2~3개 구멍을 트릴로 뚫는다. 각 구멍에 피등을 2~3개 감고, T자 머리 부분에 피등이 태민 폭만큼 깨끗하

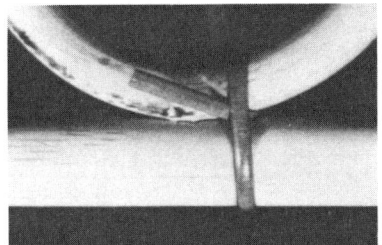
사진70. U자 감기

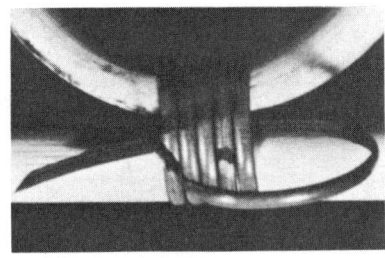
사진71. 단단하게 쥔다.

사진72. 고정시킨다.

사진73. 새우걸이

게 한다. 끝의 구멍에 다른 피등 끝을 끼워넣고, 오른쪽으로 틈이 없도록 하여 차례로 감아간다. 마지막으로 피등을 꽂아넣고, 느슨하지 않게 T자 머리 부분으로 잡아당겨 졸라맨다(사진 ⑱~⑲).

U자 감기

가구 형태로 조형된 토대에 강도 보강이나 디자인 상의 이유에서 산 모양으로 구부린 골격을 고정하는 경우에 사용하는 감기이다. 사진 ⑳ 과 같이 태민과 U자형 골조 사이에 피등 끝을 앞쪽에 꽂아넣고, 그대로 아래에서 위의 오른쪽으로 감아올라간다. 정면에서 볼 때에 피등이 깨끗이 마무리된다. 마지막에 태민과 U자형 골조 사이를 1번 감고, 사이에 끝을 꽂아넣고 느슨하지 않게 고정한다(사진 ㉑~㉒).

새우 걸이

사진 ㉓ 과 같이 예각으로 접합된 골조에 사용하는 방법이다. 사진 ㉔ 와 같이 피등 겉을 못(20번 10m/m)으로 박는다. V자로 꺾은 접합부의 바로 앞까지 보통 감는법으로 감고, 그 부분부터

사진74. 못으로 고정시킨다.

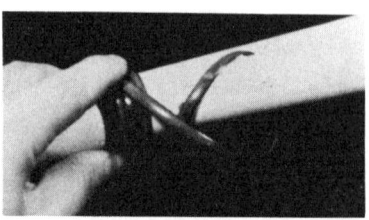

사진75. 접합부는 피등으로 감는다.

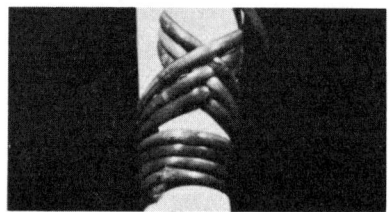

사진76. 사선이 되게 감는다.

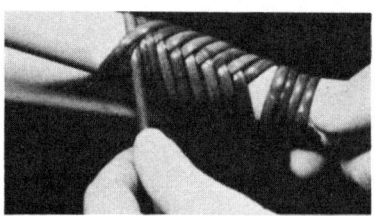

사진77. 교차한 부분에 못을 박아 고정시킨다.

가지로 나온 태민 부분에 오른쪽으로 1번 감고, 그대로 또 한편의 태민쪽으로 1번 감기를 반복한다. 여기에서 사진 ⑯ 과 같이 깨끗하게 사선이 되게 감아간다. 마지막은 끝을 피등 아래로 통하게 하여 느슨하지 않도록 교차한 부분에 못을 박아서 고정시킨다(사진 ⑰).

피등 감기

다 엮은 바구니를 보다 아름답게 마무리하기 위하여 피등을 사용한 마무리 방법에 대하여 몇가지 설명해 본다.

막감기

이것은 바구니 테두리나 칼자루 등을 감는 방법으로, 왼쪽에서 오른쪽으로 진행하고, 피등은 반드시 위에서 아래의 오른쪽으로 감는다(사진 ⑱).

3줄 막감기

막감기와 같이 바구니 테두리나 칼집 등의 마무리 부분에 사용한다. 또, 테두리가 약할 때나 중심을 사용했을 때에 적당한 방법이

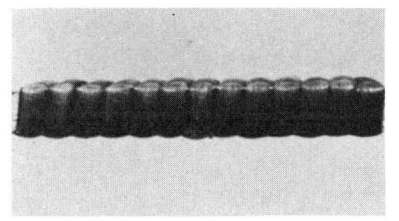

사진78. 막감기

사진80. 뱀모양 감기

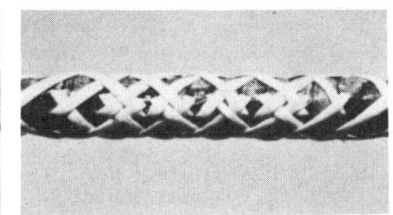

사진81. #자 엮기

사진82. 십자 매듭

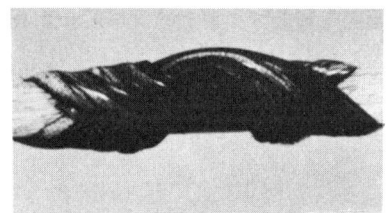

사진83. 나비 매듭

다. 막감기와 같이 감아가고, 중심과 함께 3번 틈을 통과하여 본체를 3번 감는다(사진 ㉙).

뱀모양 감기

바구니나 그릇의 손잡이를 감을 때 사용한다. 우선, 막감기를 하고, 처음에 새롭게 피등 끝을 꽂아넣고, 다섯개 건너뛰어 반대쪽으로 내고, 처음 피등 겉을 그 속에 넣어 보이지 않게 한다. 이것을 반복시키면 연속 무늬가 되고, 뱀 모양처럼 보이기 때문에 이 이름이 붙었다(사진 ㉘).

※ 이 외에 가운데 井자 엮기(사진 ㉛), 십자 매듭(사진 ㉜), 나비 매듭(사진 ㉝), 장미 매듭(사진 ㉞) 등을 사용한다.

48

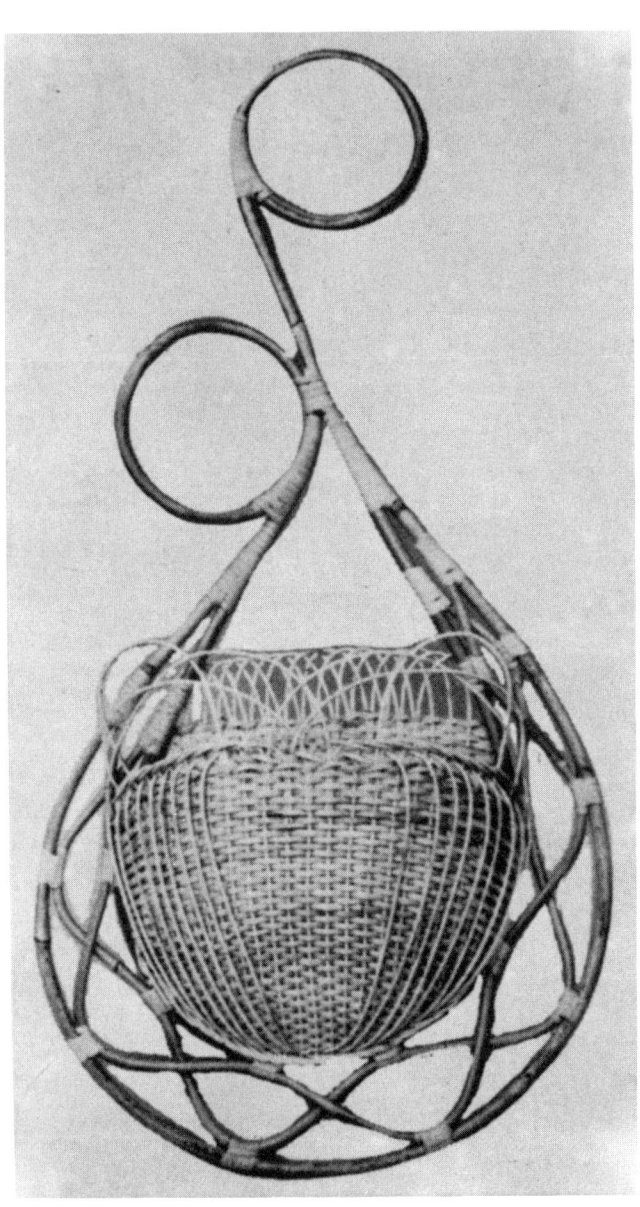

초급편

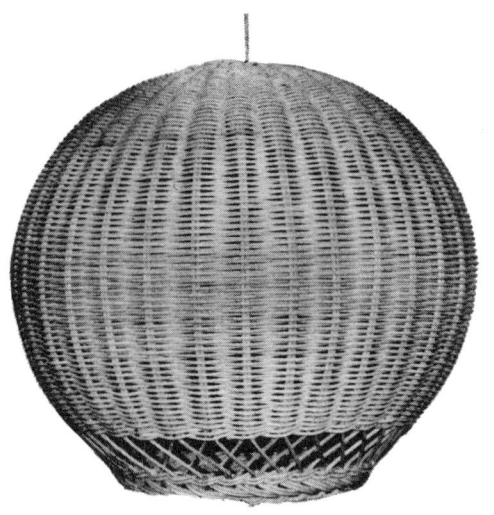

　기본적인 지식을 이해하면 차츰 실제로 재료를 사용하여 작품을 만든다. 우선 처음은 바닥 형태가 원형이고, 짜는 방법이 단순한 것에서 시작해 보자. 형이 찌그러져도 괜찮다. 익숙해질 때까지 분발하자.

단지형의 꽃바구니

6줄로 꼰 손잡이가 달린 꽃바구니. 손잡이는 장식겸 벽에 걸 때 사용할 수 있도록 된 것이다. 생화를 사용할 때는 가운데에 꽃병을 넣는다. 꽃병의 크기에 맞추어 바구니의 크기도 바꾸어 준다.

● 치　수…밑바닥의 직경 12cm
　　　　　높이 25cm(손잡이 포함)
　　　　　손잡이 길이 25cm

- 재   료···사릿대 $2\frac{3}{4}$ m/m의 환심

  날대 $2\frac{3}{4}$ m/m의 환심, 길이 100cm 16줄
- 포인트···바닥이 米자 구조(4줄 날대)

  측면 소쿠리 엮기(막 엮기)

  테두리 바깥으로 젖혀 마무리, 2줄 1줄 마무리

1. 길이 100cm의 날대를 놓고, 4줄 날대로 米자를 만든다. 한바퀴 돌린 다음, 처음 4줄을 2줄씩 나눈다.

2. 7바퀴를 돌리고, 2줄씩 나눈 날대의 한쪽에 덧날대 2개를 꽂고, 전체 날대를 2줄씩 나눈다. 이렇게 직경 12cm까지 짠다.

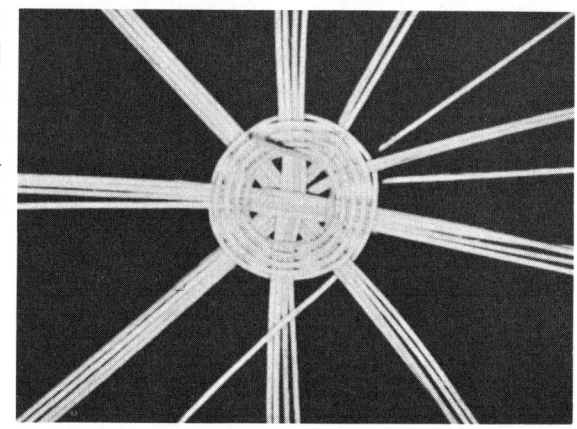

3. 측면 날대를 손에 익혀 소쿠리 엮기로 둥글게 엮어 나간다.

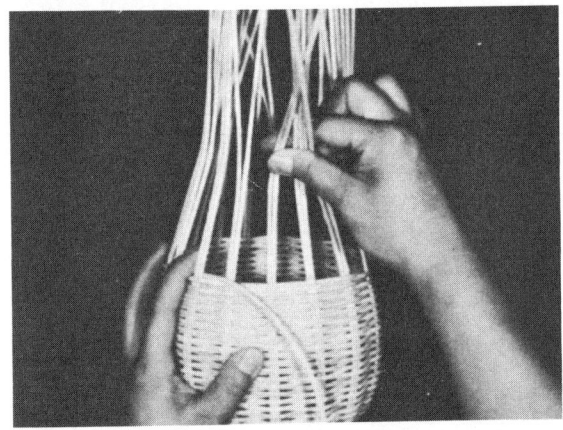

4. 측면의 높이 15cm 정도까지 약간 불룩하게 엮는다. 손가락으로 날대를 바깥쪽으로 휘게 하여 입구가 약간 벌어지게 한다.

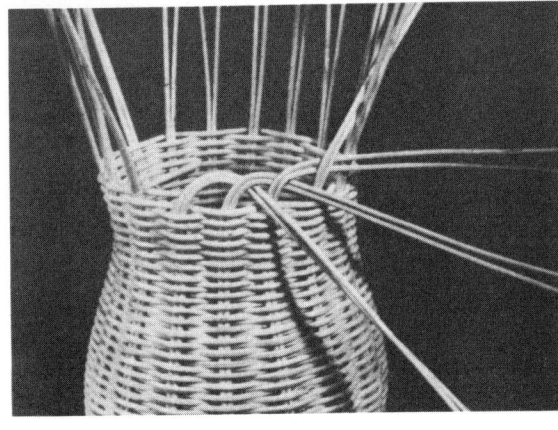

5. 높이 24cm까지 엮은 다음 테두리로 들어간다. 테두리는 우선 1줄 바깥으로 젖혀 마무리 한다.

6. 1줄 젖힌 마무리의 최후 모습.

7. 2줄 1줄 마무리는 2줄의 날대를 건더뛴 다음 날대 위를 통과하게 한다. 이것을 반복해 간다.

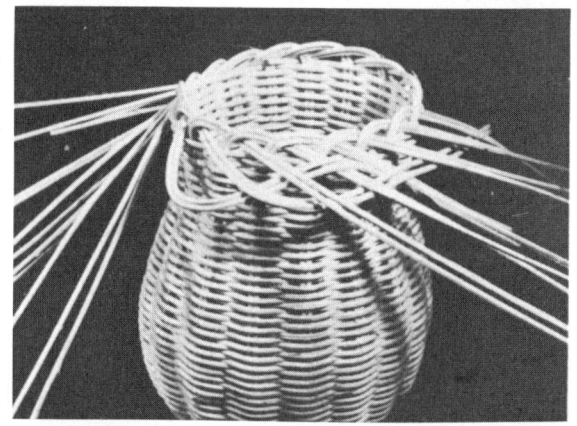

8. 2줄 1줄 마무리의 최종 모습. 결이 맞도록 주의하여 엮는다. 검게 칠한 대가 최후의 날대 2줄임.

9. 6줄 꼬인 손잡이 사릿대를 1줄 안쪽에서 바깥쪽으로 보내 꼬면서 반대쪽 테두리로 통하게 한다. 이것을 반복한다.

바깥 울타리 무늬의 꽃바구니

바깥쪽에 울타리 무늬를 넣은 손잡이가 달린 꽃바구니. 컬러 사진과는 다르게 손잡이 부분을 꽃모양으로 엮어 장식해 보자.

- 치　수…바닥 직경 12cm
  높이 25cm(손잡이 포함)
  손잡이 길이 25cm
- 재　료…사릿대 2m/m 환심
  날대 2m/m의 환심, 길이 120cm 16개
- 포인트…바닥 米자 엮기(4줄 날대)
  몸통 소쿠리 엮기, 장식은 바깥 울타리 무늬
  윗테두리 밖으로 젖혀 마무리하기
  아래테두리 2줄 1줄 엮기

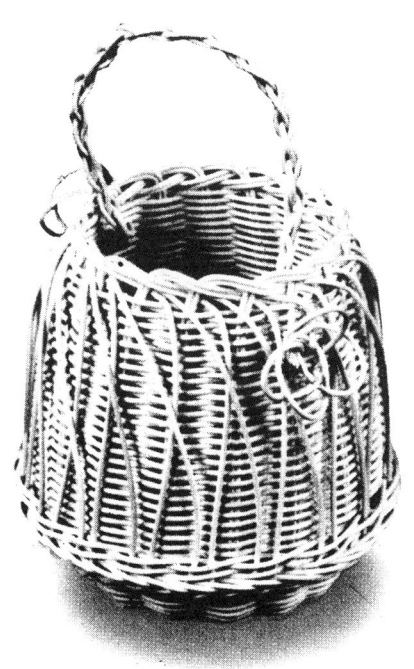

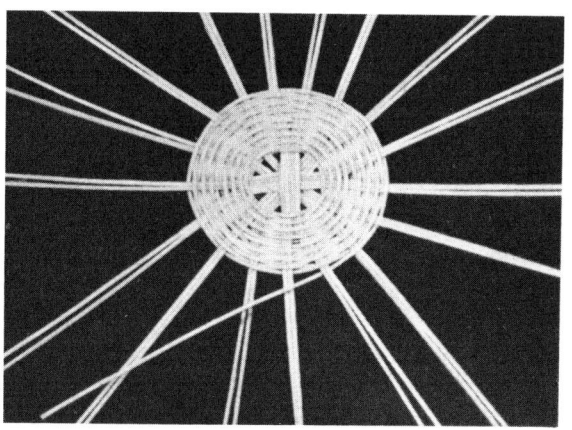

1. 앞에 나온 단지형 꽃바구니와 같은 요령으로, 4줄씩 米자 바닥을 만든다. 이것을 직경 12cm의 크기까지 짠 다음 올라간다.

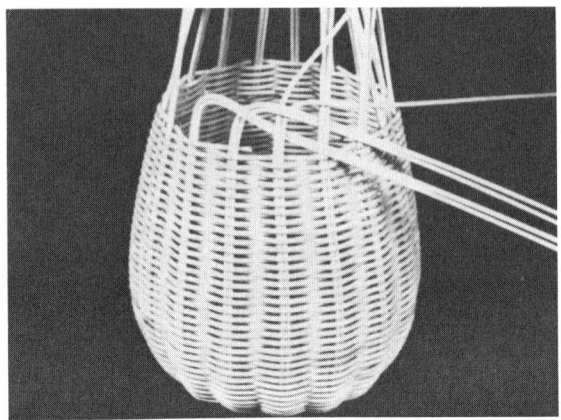

2. 날대를 손가락으로 펼치면서 엮어 올라간다. 높이 24cm가 될 때까지 막 엮기를 하고, 바깥으로 젖혀 마무리를 하여 꺾는다.

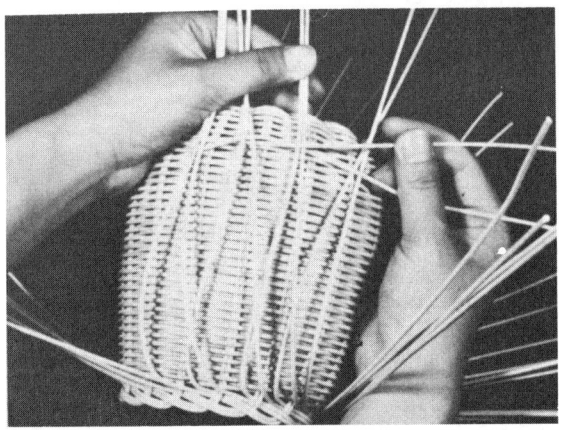

3. 꺾어 젖힌 날대를 울타리 무늬로 만들어 2줄 꼬아 엮기를 한다.

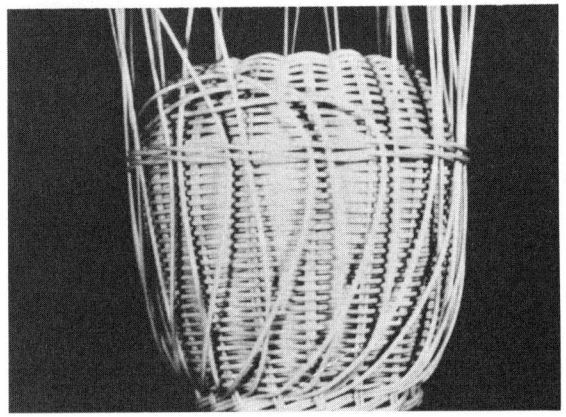

4. 2줄 꼬아 엮기를 2바퀴 한다(2줄 건너뛴 다음 2줄 위를 통과함).

5. 2줄 2줄 마무리의 끝.

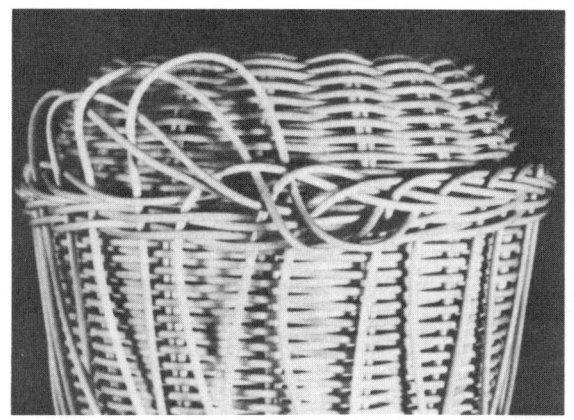

6. 손잡이는 십자 매듭임. 사릿대 4줄로 아래에서부터 가운데로 만들어간다.

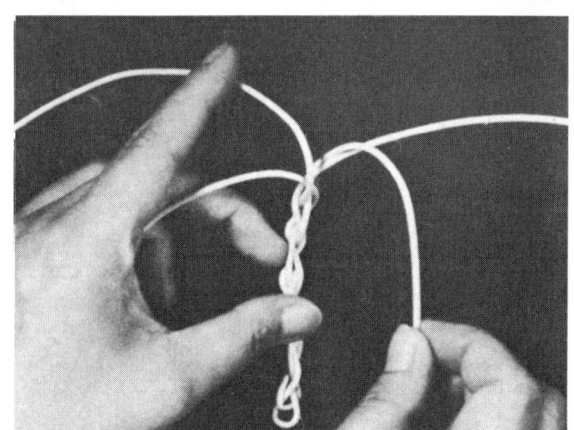

7. 손잡이 붙이는 법. 안쪽에서 4줄을 따로 나오게 하여 井자로 엮는다.

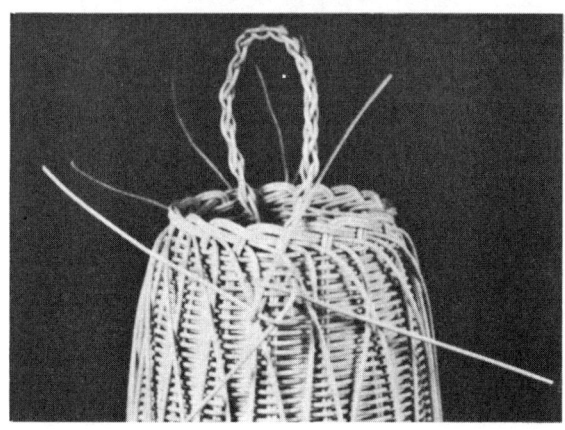

8. 다음에 井자로 마무리한 4줄의 대를 둥근 꽃모양으로 엮는다. 방법은 1줄을 2번줄 위로 지나게 하고, 3번째 대는 밑에서 4번째 줄 아래로 지나게 한다. 이것을 반복하여 간다(다음 그림 참조).

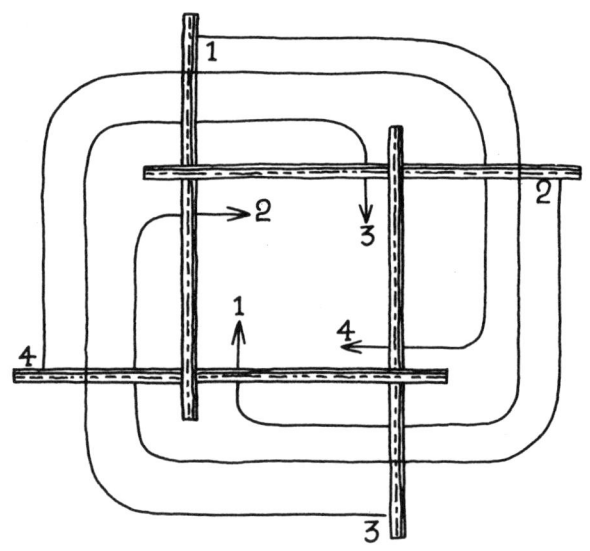

도자기 모양의 꽃바구니

입구가 비스듬히 크게 벌어져 있는 도자기형 꽃바구니 크기는 중간형. 중간에 넣은 솔잎엮기가 장식이 되고, 생화도, 드라이 플라워도 잘 어울린다.

- 치　수…바닥 직경 18cm
  높이 23cm
- 재　료…사릿대 $2\frac{1}{2}$ m/m의 환심

  날대 $2\frac{1}{2}$ m/m의 환심, 길이 100cm 24줄
- 포인트…바닥 米자 엮기(6줄 날대)
  측면 막엮기, 중간에 솔잎 엮기를 한줄 넣음. 머리 부분은 2줄 건너뛰는 막엮기
  테두리 솔잎엮기를 한바퀴하고 1줄 솔잎 마무리

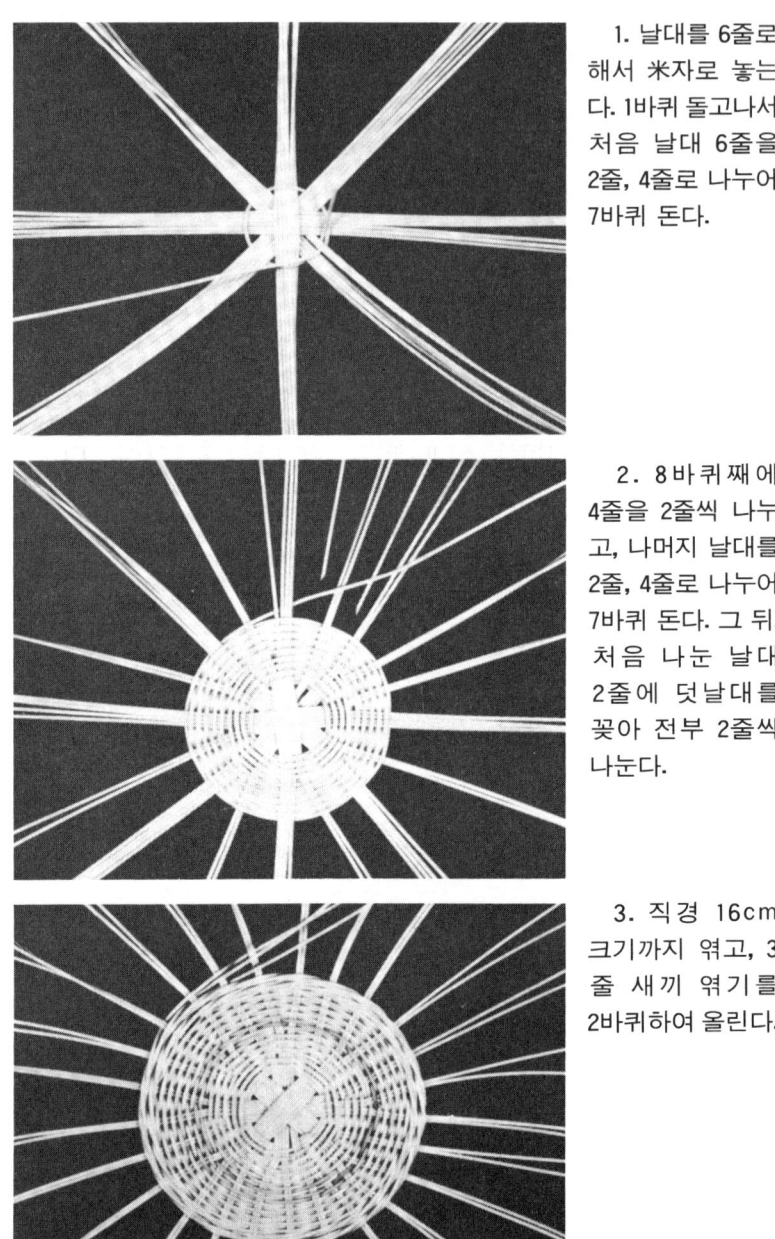

1. 날대를 6줄로 해서 米자로 놓는다. 1바퀴 돌고나서 처음 날대 6줄을 2줄, 4줄로 나누어 7바퀴 돈다.

2. 8바퀴째에 4줄을 2줄씩 나누고, 나머지 날대를 2줄, 4줄로 나누어 7바퀴 돈다. 그 뒤, 처음 나눈 날대 2줄에 덧날대를 꽂아 전부 2줄씩 나눈다.

3. 직경 16cm 크기까지 엮고, 3줄 새끼 엮기를 2바퀴하여 올린다.

4. 꺾어올리는 부분은 3줄 꼬아엮기를 3바퀴 한다. 뒤의 2줄 사릿대를 안쪽으로 꺾어 막엮기를 한다.

5. 6cm 높이까지 둥글게 막엮기로 하고, 3줄 솔잎엮기를 넣는다. 우선 3줄 꼬아엮기를 1바퀴하고, 2바퀴째는 사릿대를 안쪽으로 넣는다.

6. 솔잎 엮기를 한 다음, 둥글게 막엮기를 하면서 안쪽으로 좁게 하며 엮는다. 높이가 16cm가 될 때까지 짜는데, 넓은 입구가 비스듬하게 되도록 엮는다.

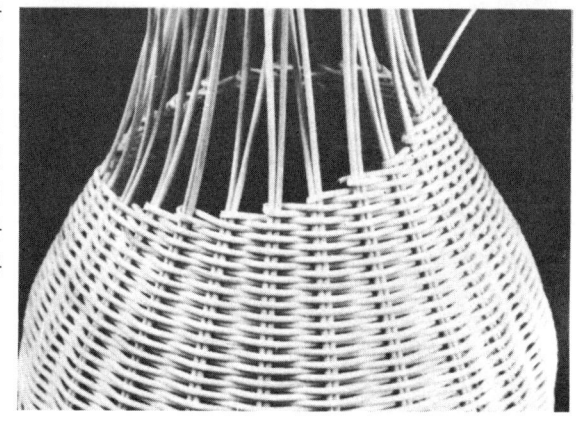

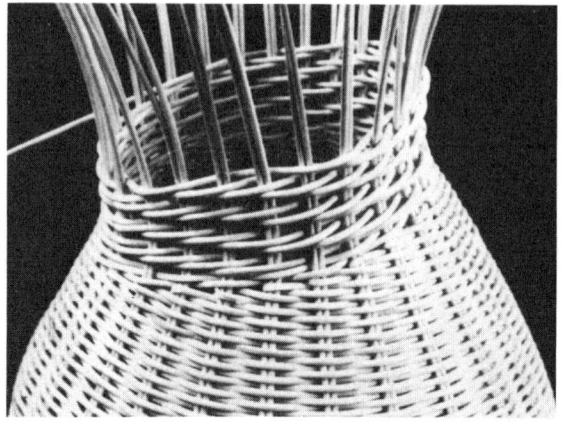

7. 되끌어엮기를 한 뒤, 막엮기를 2바퀴하고, 2줄 건너뛰어 다시 1 2바퀴 돈다. 다음에 손가락으로 날대를 바깥쪽으로 젖혀 입구가 벌어지도록 막엮기를 한다. 높은 쪽이 23cm의 높이가 된다.

8. 테두리 마무리는 솔잎엮기를 1바퀴하고, 1줄 솔잎 마무리를 한다.

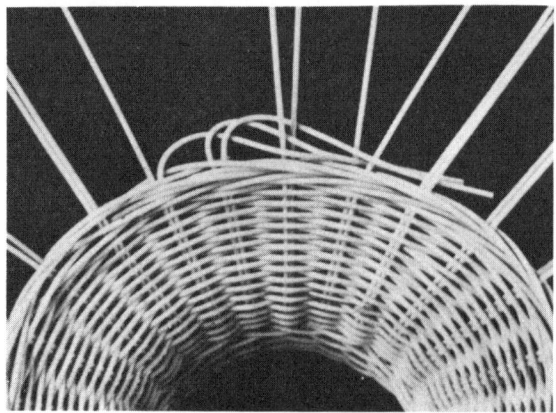

9. 1줄 솔잎 마무리 방법. 2줄의 날대를 1줄씩 나누어 2줄 건너뛴 다음 2줄 위를 지나 밑으로 넣는다.

10. 1줄 솔잎 마무리의 끝부분.

캔디 박스

인형 형태를 한 뚜껑이 달린 바구니. 캔디 등의 과자 외에 악세서리나 재봉 용구 등 여러가지 작은 물건을 넣을 수 있다. 또한 실내 장식으로서도 귀엽다.

[본체]
- 치 수···바닥 직경 16cm
  높이 7cm
- 재 료···사릿대 $2\frac{3}{4}$ m/m의 환심

  날대 $2\frac{3}{4}$ m/m의 환심, 길이 100cm 20줄
- 포인트···바닥 米자엮기(4줄, 6줄 날대)
  몸통 막엮기, 중간에 오른쪽 날대를 1줄 중간 꺾어 뚜껑에서 마무리함.
  테두리 중간 꺾어 마무리

[뚜껑]
- 치 수···입구 직경 17cm
  높이 13cm(모자는 포함하지 않음)

- 재　료…날대 $2\frac{3}{4}$ m／m의 환심, 길이 50cm 14줄
- 포인트…처음 2줄 날대엮기, 2줄 새끼엮기
  　　　　몸통 막엮기

[모자]
- 치　수…차양 직경 6cm
  　　　　높이 2cm
- 재　료…날대 $2\frac{3}{4}$ m／m의 환심, 길이 50cm 6줄
- 포인트…시작＋자엮기(3줄 날대)
  　　　　측면 막엮기
  　　　　테두리 국화꽃 엮어마무리

모자 엮는 법

1. 3줄 날대를 +자로 하고, 머리 부분부터 엮기 시작한다. 1바퀴 돌린 다음 날대를 1줄씩 나눈다.

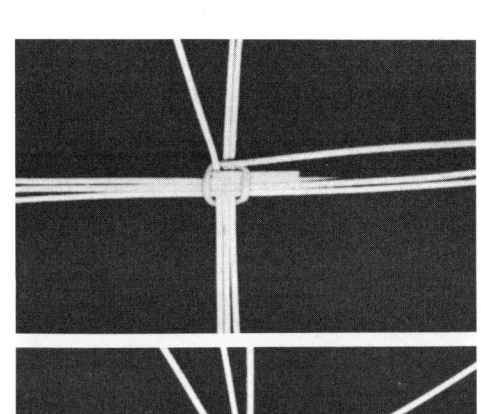

2. 2바퀴째에 마지막 날대를 1줄 꺾고, 날대 숫자를 홀수로 한다.

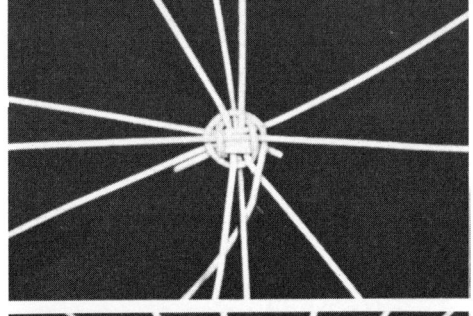

3. 4바퀴 돌린 다음 날대를 구부려 모자 측면이 2cm 정도 높이가 되도록 엮고, 차양 부분을 넓혀간다.

4. 차양 직경이 5cm 정도가 될 때까지 막엮기를 하고, 테두리를 국화꽃 마무리로 끝맺는다.

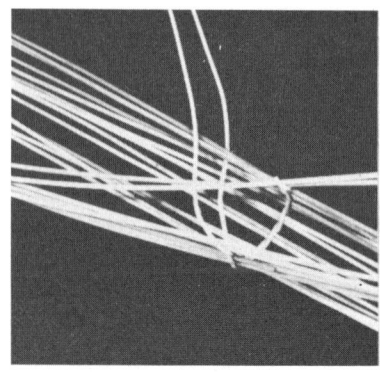 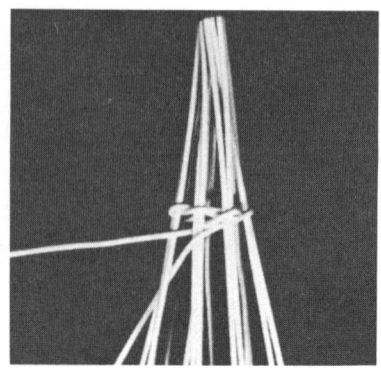

뚜껑 엮는 방법

1. 길이 50cm의 날대를 2줄 날대로 하여, 15cm 정도에서 2줄 꼬아엮기를 한다. 1바퀴 돌린 다음, 처음 날대와 나중 날대가 이웃하도록 하여 통모양이 되게 한다.
2. 통모양에서 2줄 꼬아엮기로 2바퀴 엮는다.

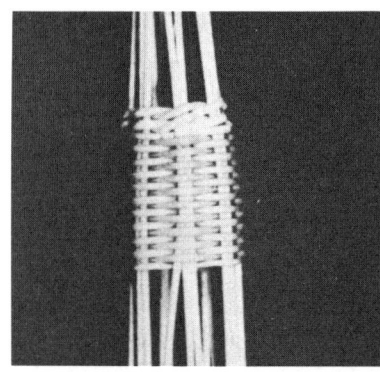 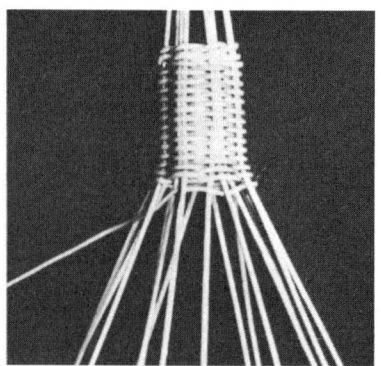

3. 길이 3cm까지 꼬아엮기를 하고, 하나의 덧사릿대를 엮는다.
4. 2줄 날대를 1줄 날대로 나눈다. 이때 날대는 바깥쪽으로 넓어지도록 엮는다.

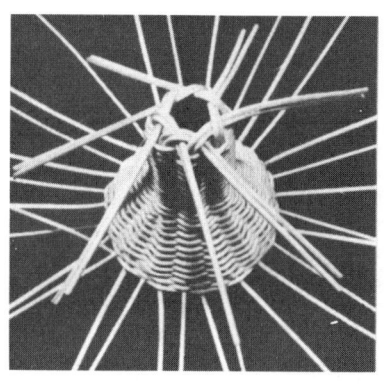 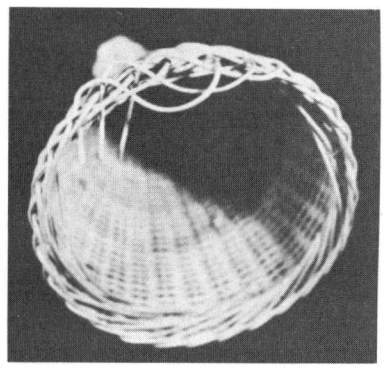

5. 날대 1줄씩인 채로 바깥쪽으로 벌어지게 하여 8~9cm의 높이까지 막엮기로 엮는다. 머리 부분은 바깥쪽으로 젖혀 마무리를 한다.
6. 입구의 직경은 약 17cm가 되도록 엮고, 테두리를 2줄 1줄 마무리로 끝낸다.

 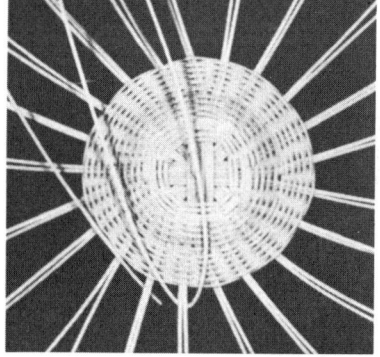

7. 안쪽으로 꺾인 날대를 다시 한번, 2줄 1줄 건너뛰어 마무리한다.
 〈3줄 꼬아엮기 시작법〉 3줄 꼬아 엮기를 중간에서 시작하는 경우는 이와 같이 하면 엮기 쉽다.

몸체 엮는 방법

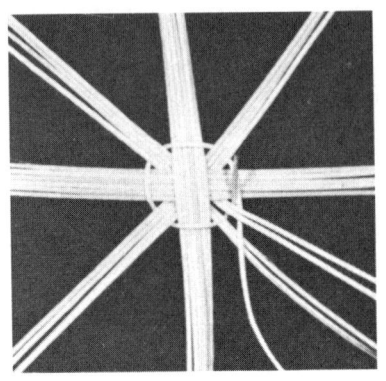 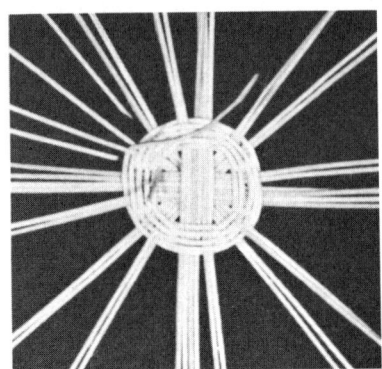

 1. 날대 6줄, 4줄로 米자 바닥을 만든다. 1바퀴 돌린 다음 4줄 날대를 한곳에 2줄씩 나누어 7바퀴 돌린다.
 2. 8바퀴째에 날대 4줄은 2줄씩, 6줄 날대는 2줄 4줄로 나눈다. 이때 처음 2줄씩 나눈 대에 덧사릿대를 더하여 2줄씩 나눈다.

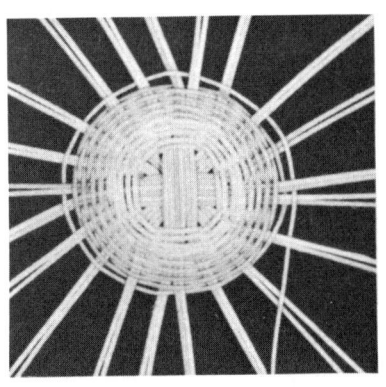 

 3. 바닥 직경이 15cm가 될 때까지 막엮기를 하고, 그 뒤 3줄 꼬아엮기를 2바퀴 돌아 17cm의 직경이 되게 한다.
 4. 직경 17cm가 되면 올라가기를 하는데, 3줄 꼬아엮기를 3번 하고, 막엮기를 높이 4cm까지 엮는다. 다음에 날대 2줄 가운데, 오른쪽 날대를 가운데 젖혀 마무리로 한다.

5. 가운데 젖혀마무리의 최종 단계.
6. 가운데 젖힌 날대를 2줄 2줄 꽂는다. 날대 1줄을 다음 날대 2줄을 건너뛰어, 그 다음 날대 2줄 위로 지나게 한다.

7. 2줄 2줄 꽂기의 마무리.
8. 남은 1줄의 날대를 약간 안쪽으로 들어가게 하여 막엮기를 한다. 높이 3cm 정도. 그리고 1줄 가운데 젖히기로 꽂는다.

9. 1줄 가운데 젖히기의 마무리.

백조 모양의 꽃바구니

백조를 본뜬 바구니. 꽃바구니로 사용하는 것 외에 작은 물건을

넣어도 된다. 언뜻 어려운 듯 보이지만 엮는 방법은 연습에 적합하기 때문에 도전해 보자.

- 치　수…바닥 직경 17cm
    몸통 높이 10cm
    머리 높이 11cm
- 재　료…날대 2m/m의 환심
    사릿대 2m/m의 환심, 길이 100cm 24개
- 포인트…바닥 米자 엮기(6줄 날대)
    몸통 막엮기
    머리 끌어되돌려 엮기를 넣은 막엮기
    테두리 국화꽃 2줄 건너뛰어 마무리

1. 6줄 날대로 바닥을 米자로 엮기 시작한다. 1바퀴 돈 다음 한곳을 2줄, 4줄로 나누고, 나머지는 6줄 날대인 채로 7바퀴 엮는다.

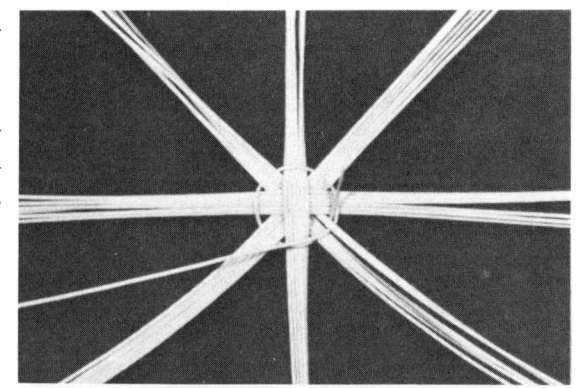

2. 8바퀴 째에 처음 4줄 날대를 2줄씩 나누고, 다른 날대는 2줄, 4줄로 나눈다.

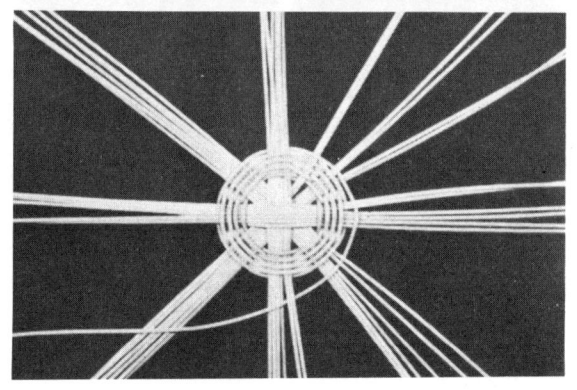

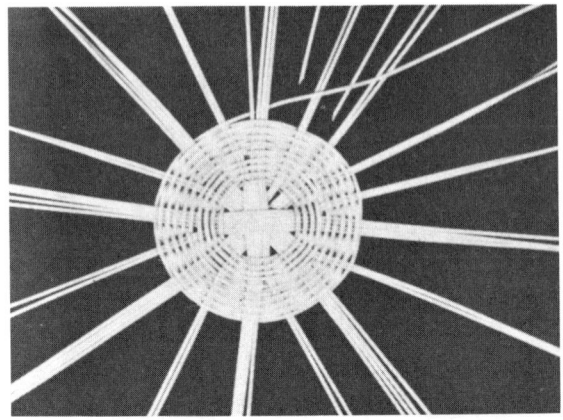

3. 직경 12cm 정도까지 엮고, 처음 나눈 2줄 날대에 덧사릿대를 2줄 넣고, 4줄 날대를 전부 2줄씩 나눈다.

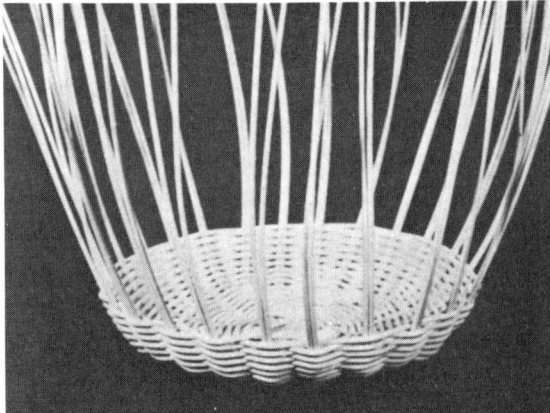

4. 바닥 직경이 약 17cm까지 엮고, 그대로 막엮기로 둥글게 엮어올라간다.

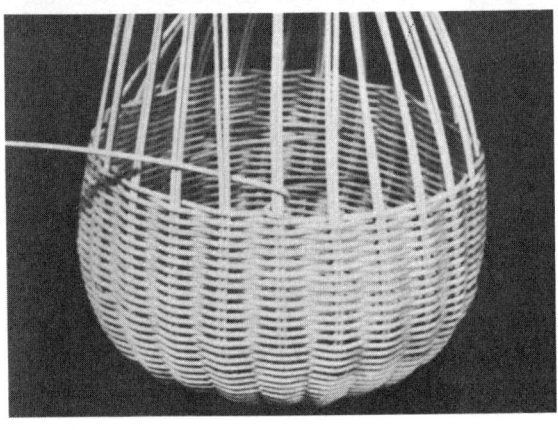

5. 깊이 10cm까지 둥글게 막엮기를 한다. 다음에 7줄 날대 사이를 끌어되돌려 엮기를 하여 머리 부분을 엮는다. 끌어되돌려 엮기를 할 때 사진과 같이 1바퀴 감는다

6. 높이 10cm 정도까지 엮고, 사진과 같이 마무리하여 둥글게 통모양으로 한다.

7. 가마무리를 하면서 약간 벌려진 것처럼 둥글게 막엮기로 12바퀴 돌린다.

8. 머리 뒷부분이 되는 날대 2조와, 7조의 날대 중심(앞)을 그대로 2줄 날대로 하여 두고, 그 외는 1줄 날대로 나누어 머리 앞, 중앙 2줄 날대를 경계로 끌어되돌려 엮기로 엮는다(다음의 삽화 참조).

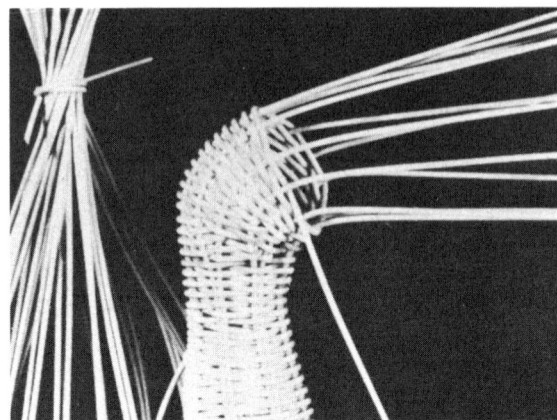

9. 머리 뒷부분에 있는 2줄 날대까지 끌어되돌려엮기로 한 다음, 보통 2바퀴 돈다. 머리 전체를 둥그스름하게 한 다음, 끌어되돌려엮기를 4~5회 반복한다.

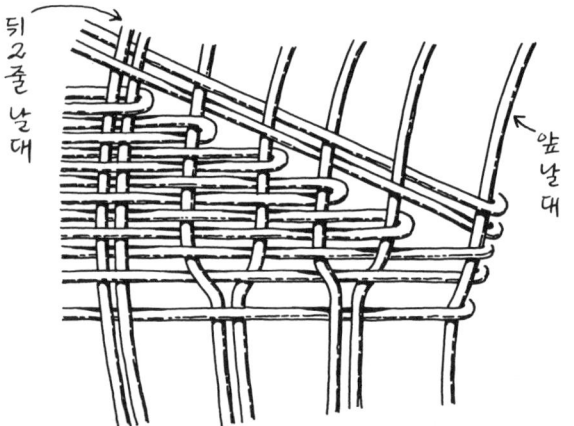

뒤 2줄 날대

앞 날대

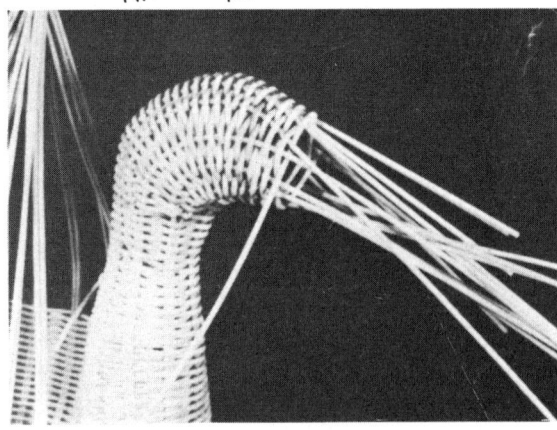

10. 얼굴이 정면을 향할 때까지 끌어되돌려엮기를 하면서 막엮기를 하여, 대체로 정면을 향하여 둥글게 막엮기를 한다. 사진과 같이 되면 1줄 날대를 2줄 날대로 돌려 주둥이를 엮는다.

11. 주둥이 끝부터 사릿대를 감아, 사릿대 발 사이에 꽂아넣어 마무리한다. 주둥이 끝을 가지런히 모아 자르면 머리부터 목까지가 완성된다.

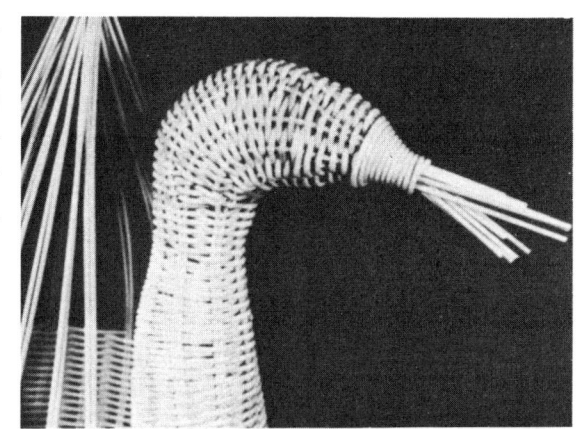

12. 깃털 부분은 밖으로 퍼져나가면서 4cm 높이가 될 때까지 막엮기를 한다. 마지막에는 2줄 꼬아엮기로 마무리한다.

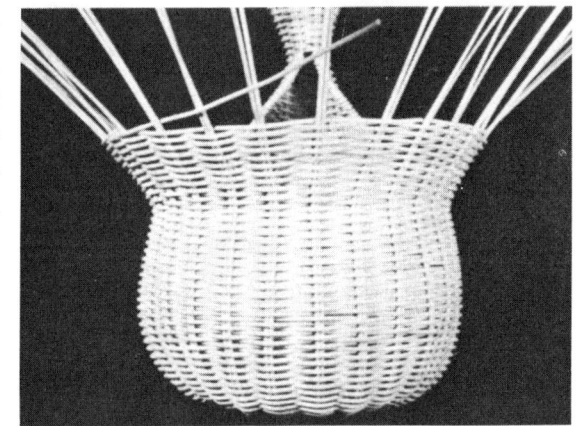

13. 끌어되돌려 엮기를 할 때 머리와 마찬가지로 1회 감는다. 사진은 2줄 꼬아엮기로 마무리하는 방법.

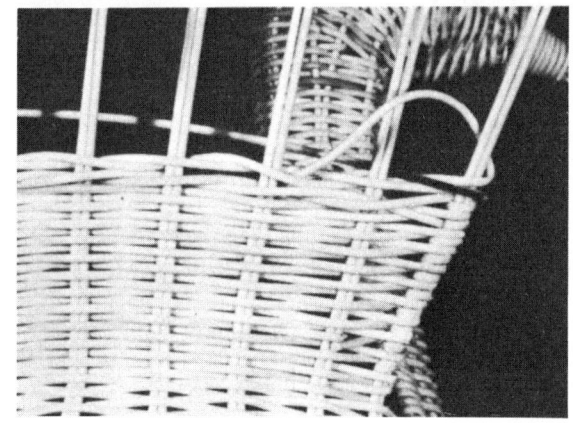

14. 테두리는 국화꽃 2줄 건너뛰기로 깃털 느낌을 내준다.

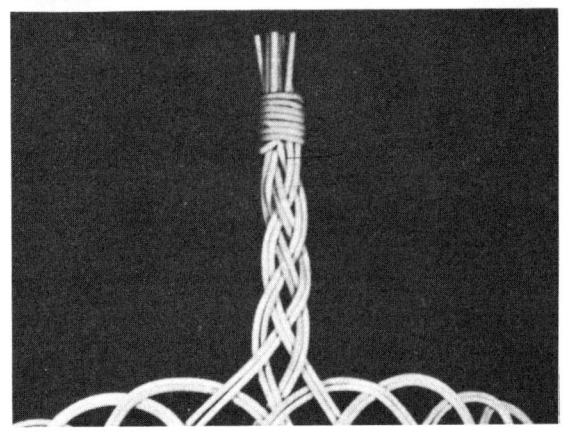

15. 꼬리가 되는 부분은 남은 4줄 날대를 井자로 엮어 간다. 나중에는 주둥이와 같이 사릿대로 감는다.

쟁 반

꽃과 같은 형태를 한 작은 바구니. 과자를 넣거나 작은 물건을 넣는 귀여운 느낌의 바구니로 테두리 장식이 포인트다.

- 치　수…바닥 직경 25cm(테두리 부분 포함)
  　　　　높이 3cm
- 재　료…사릿대 $2\frac{1}{2}$ m/m의 환심

날대 $2\frac{3}{4}$ m/m의 환심, 길이 7cm 32줄

● 포인트…바닥 米자엮기(8줄 날대)

측면 2줄 꼬아엮기를 2바퀴하고, 2줄 바깥으로 젖혀 마무리로 테두리를 함.

테두리 바닥 테두리는 전복모양 마무리, 몸통 테두리는 2줄 밖으로 젖혀 마무리.

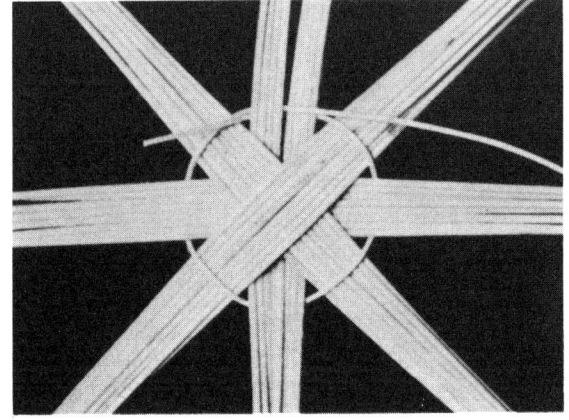

1. 우선 날대를 8줄로 하여 米자로 놓는다. 사릿대를 1바퀴 돈 다음, 한곳을 4줄 4줄로 날대를 나눈다.

2. 7바퀴째에 처음 4, 4로 나눈 날대의 한쪽을 다시 2, 2줄로 나누고, 나머지를 모두 4, 4줄로 나눈다.

3. 2줄, 2줄로 나눈 날대에 2줄씩 덧사릿대를 대어, 날대를 모두 4줄로 한 채 직경 17cm 까지 막엮기를 한다.

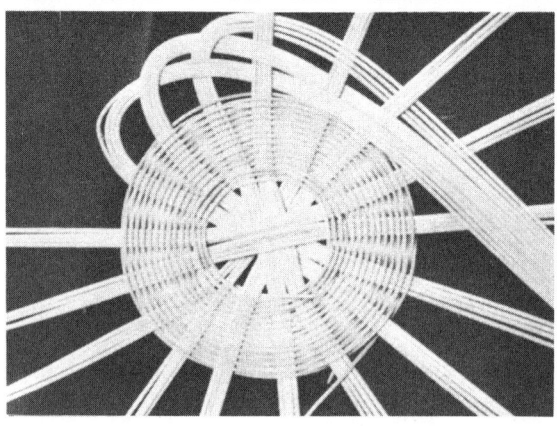

4. 직경 17cm까지 바닥이 생기면, 전복 무늬 마무리로 테두리를 만든다. 날대 4줄을 안쪽으로 젖히고, 다음 3조의 날대와 교대로 교차하여 가운데로 낸다 (다음 페이지의 삽화 참조).

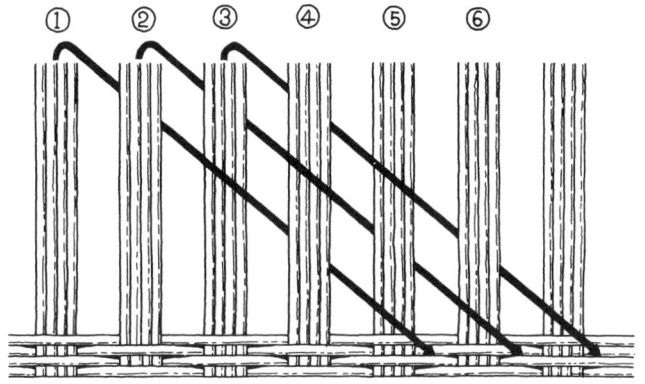

①의 4줄 날대는 ②의 날대를 거쳐서 ③의 날대 위를 통과, ④의 날대를 거쳐 ⑤의 날대 끝까지 간다.

5. 전복 마무리의 끝. 끝의 눈이 합쳐지도록 주의한다. 즉 처음 3조를 다하면 느슨하게 조금 간격을 두고 나중 날대를 처리한다.

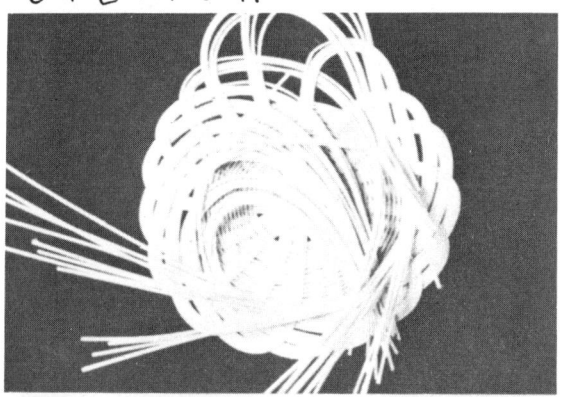

6. 가운데로 나와 있는 각 날대를 2줄씩 나누어 직각으로 세우고, 2줄 꼬아엮기로 마무리한다. 2줄 꼬아엮기로 2바퀴 돌린다.

7. 2줄 꼬아엮기로 2바퀴 돈 다음, 2줄, 1줄 밖으로 젖혀 마무리하여 테두리를 엮는다 (다음 삽화 참조).

8. 2줄, 1줄 밖으로 젖혀 마무리의 완성.

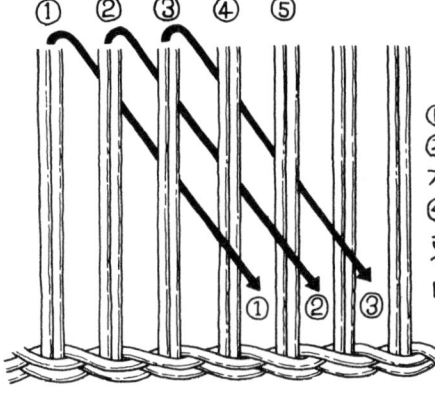

①의 2줄 날대는 ②와 ③의 날대를 거쳐 ④의 위에서 ④와 ⑤ 사이를 통과하여 속으로 넣는다.

위가 둥근 꽃바구니

윗부분이 구형으로 된, 손잡이가 달린 꽃바구니. 손잡이에는 X자형 장식을 넣어 포인트를 두었다.

- 치   수…바닥 직경 10cm
  높이 25cm(손잡이 25cm)
- 재   료…사릿대 $2\frac{3}{4}$ m/m의 환심

  날대 $2\frac{3}{4}$ m/m의 환심, 길이 100cm 24줄

  손잡이 5~6m/m 환등, 길이 70cm 1줄
- 포인트…바닥 米자 구조(6줄 날대)

  몸통 막엮기

  테두리 밖으로 젖혀 마무리

  손잡이 환등에 환심으로 X형의 장식

1. 날대를 6줄씩 米자로 놓는다. 부드럽게 사릿대를 1바퀴 돌리고, 6줄을 2, 4로 나누어 그대로 4바퀴 돌린다.

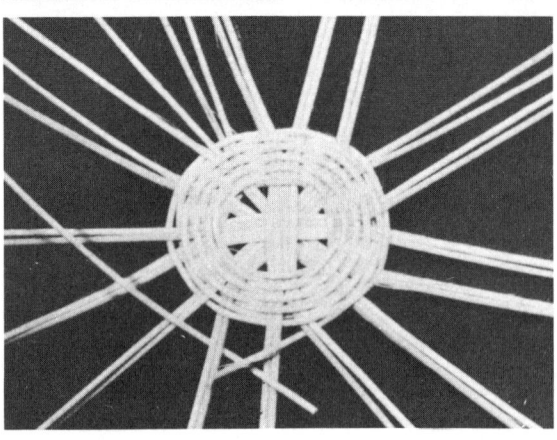

2. 나머지 6줄을 같은 요령으로 2줄, 4줄로 나누고, 처음 나눈 쪽의 4줄도 2, 2줄로 나누어 7바퀴 엮는다. 다음에 처음 2줄에 덧사릿대를 2줄 더하고, 8바퀴째에는 모두 2줄씩 나눈다.

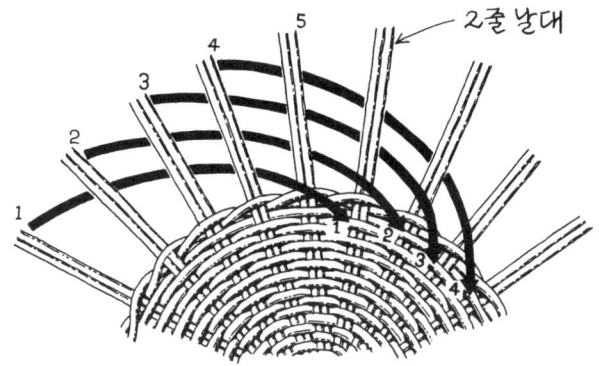

3. 직경 12cm까지 바닥을 엮고, 날대를 젖혀 엮어올라가기 시작한다. 젖히는 방법은 날대를 1줄씩, 3줄 건너 아래에서 위로 나오게 한다. 그래서 날대는 2줄인 채 3줄 꼬아 엮기로 2바퀴 돌고, 높이 10cm까지 막엮기를 한다. 날대를 넓혀가면서 1줄로 나누어 엮는다.

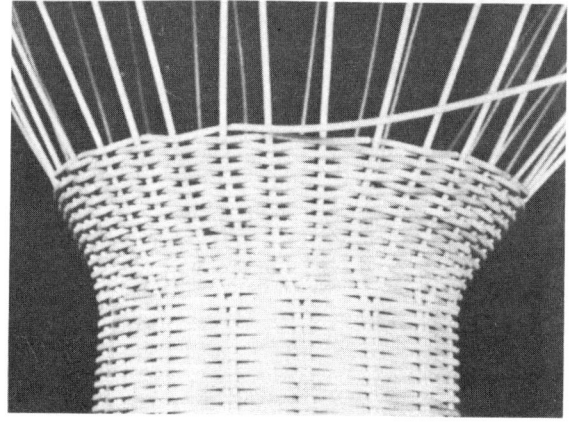

4. 날대로 구형이 되도록 날대 사이를 조금씩 넓혀가면서 7cm 정도 엮는다. 이 경우 날대 숫자가 귀퉁이 숫자가 되기 때문에 1바퀴

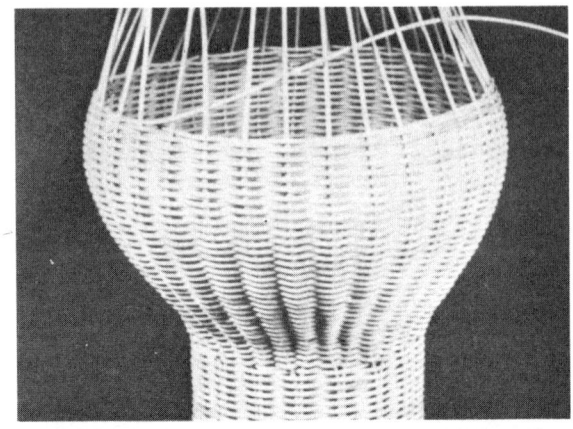

마다 아래로 2줄 건너뛰어 엮는다. 2줄 건너뛰기 할 때 한눈씩 물린다.

5. 그 다음은 반대로 날대와 날대의 간격을 조금씩 좁혀 가면서 7cm 정도 짠다. 이렇게 전체적으로 이 부분이 구형이 되도록 한다.

6. 다음에 테두리를 하기 전에 1줄 날대 가르기로 다시 2줄 날대로 하여 막역기를 5바퀴 엮는다. 테두리는 밖으로 젖혀 마무리로 1줄 건너뛰어 다음 날대 위로 넣는다.

7. 길이 70cm의 환등을 가스 버너로 구부려 U자형으로 한 다음 양끝 안쪽 5cm 정도를 작은칼로 깎는다. 이 부분을 바구니 발 속에 넣어 못으로 고정시킨다.

8. 손잡이 장식으로는 $2\frac{3}{4}$ m/m의 환심으로 X자형으로 한다. 우선 환심을 테두리에서 손잡이로 감아올라가서 반대쪽까지 감아간 다음 테두리 바깥쪽에서 안쪽으로 꽂아 넣는다.

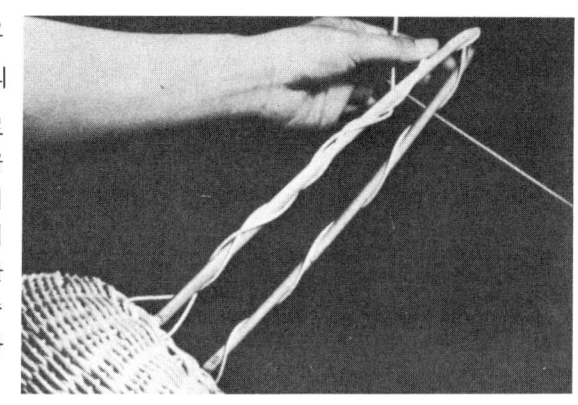

플라워 포트

깃털 무늬를 넣은 작은 플라워 포트는 어떤 꽃이나 나무에도 잘 어울리기 때문에 병커버로서 멋지다. 크기는 병에 맞추어 약간 크게 한다.

86

- 치   수···밑바닥 직경 12cm(병바닥 직경보다 크게)
         높이 22cm(병 높이보다 조금 놓게)
- 재   료···사릿대 2m/m의 환심
         날대 2m/m의 환심, 길이 100cm 24
- 포인트···바닥 米자 짜기(6줄 날대)
         몸통 막엮기에 비침엮기, 8자환 어긋나기(깃털 무늬가 들어감)
         테두리 밖으로 젖히기, 2줄 꼬아엮기에 파도무늬

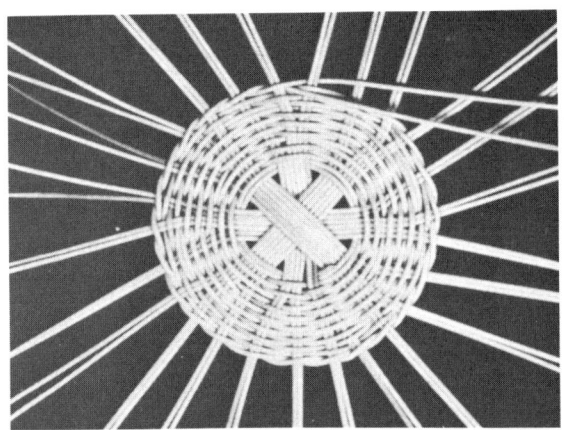

1. 백조 꽃바구니와 같은 米자로 놓고, 밑을 직경 11cm까지 엮는다. 2줄 꼬아엮기를 1바퀴 한 다음 수직으로 세워 3줄 꼬아엮기를 1바퀴 한다.

2. 막엮기로 높이 12cm까지 엮고 비침 엮기를 넣는다.

3. 비침엮기는 막엮기 맨나중에 2줄 꼬아엮기를 1바퀴 하고 2cm 정도 공간을 두고 또 2줄 꼬아엮기를 2바퀴한다. 2바퀴째로 들어가는 방법은 사진과 같다.

4. 2줄 꼬아엮기를 사진처럼 2단 넣고, 8자환 어긋나기 장식을 한다.

5. 1바퀴 돈 8자환 어긋나기를 사진과 같이 하여 끝맺는다. 다음에 깃털짜기를 넣어 다시 2바퀴 꼬아엮기를 한다 (다음 삽화 참조).

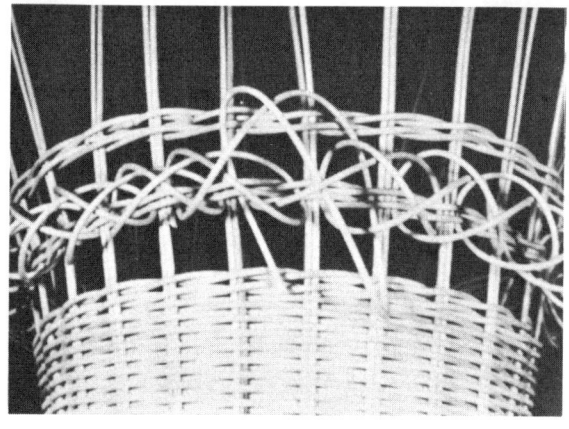

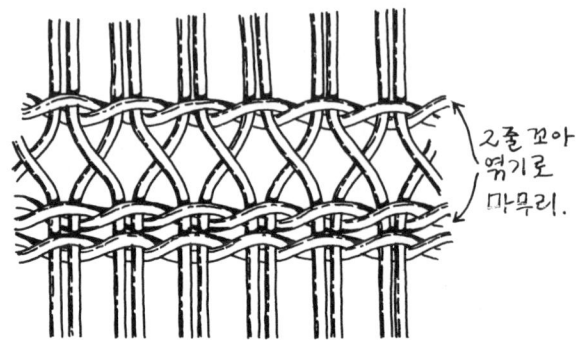

2줄꼬아 엮기로 마무리.

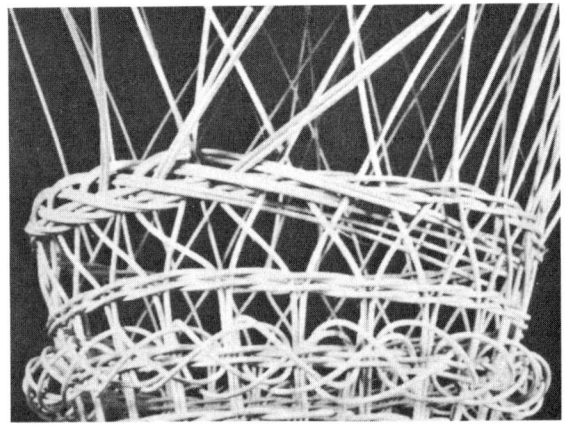

6. 2줄 꼬아엮기를 하면서 밖으로 젖혀 마무리를 한다.

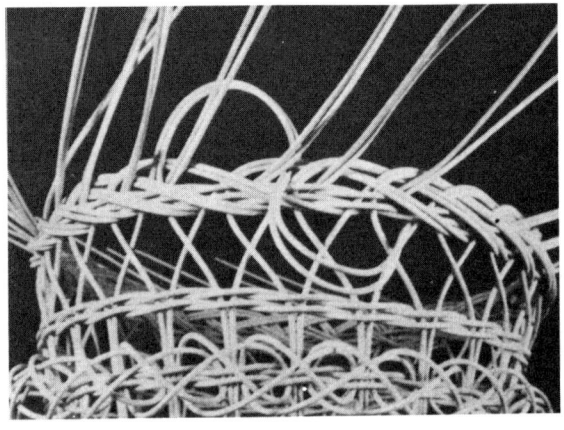

7. 다 된 날대의, 다음 2조의 날대를 건너뛰어 앞으로 내어 꼬아엮기로 엮으면서 다음 날대 위에서 안쪽으로 넣어 다음 1조의 날대를 건너 뛰어 앞(위)으로 낸다. 그림은 마지막 부분을 나타내고 있다.

8. 앞(위)으로 낸 날대를 다시 한번 다음 1조의 날대 위에서 가운데로 꽂아넣는다.

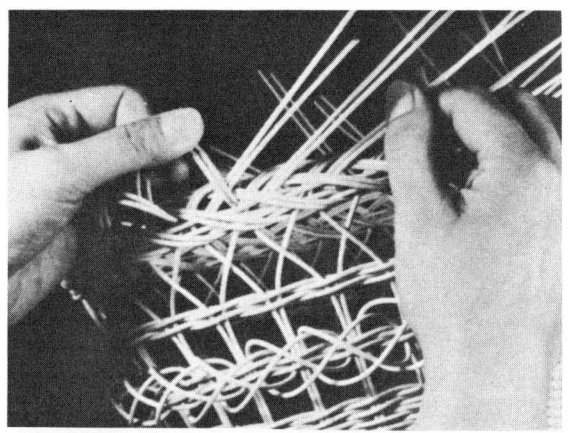

9. 4줄 꼬아 손잡이를 붙인다. 사릿대를 꼬면서 완성한다.

깃털 무늬의 솜씨바구니

깃털 무늬가 포인트인 작은 바구니. 4귀퉁이에 달려있는 손잡이가 귀엽다. 과자나 악세서리 등 작은 물건을 넣어도 좋고, 조미료통으로도 사용할 수 있다.

- 치 수…바닥 한변이 12cm인 정방형
  높이 4cm(손잡이를 포함하면 15cm)

- 재　료…사릿대 2m/m의 환심
　　　　　날대 2m/m의 환심, 길이 45cm 15줄
　　　　　손잡이 3.5m/m의 환심, 40cm 2줄과 피등
- 포인트…바닥 3줄 평뜨기
　　　　　측면 3줄 꼬아엮기, 도이츠 깃털무늬
　　　　　손잡이 위를 8자로 묶어 장식함.
　　　　　테두리 4줄 젖혀마무리

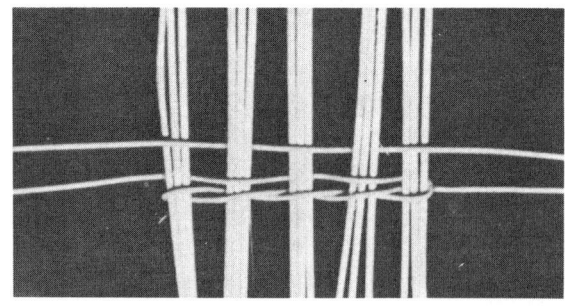

1. 길이 45cm 날대를 1.5cm 간격으로 3줄씩 나란히 한다. 밑에서 15cm 잡아 2줄 꼬아 엮기로 고정하고, 1줄은 그대로 남기고, 나머지 사릿대는 되돌아

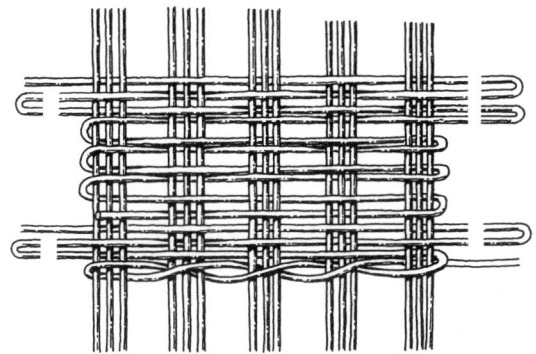

서 왼쪽으로 낸다. 막엮기로 7단째에 좌우에 15cm 길이만큼 3줄씩 내어둔다.

2. 12cm의 정방형 바닥이 되면 3줄 꼬아엮기를 2바퀴 하고 직각으로 꺾는다.

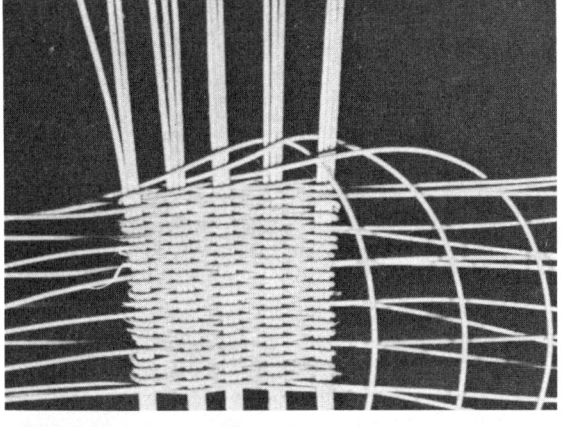

3. 꺾은 다음 3줄 꼬아엮기를 2바퀴하고, 도이츠 깃털을 1.5~2cm 간격으로 넣는다. 3줄 중앙 날대는 그대로 두고, 좌우 날대를 이웃 날대와 교차시킨다.

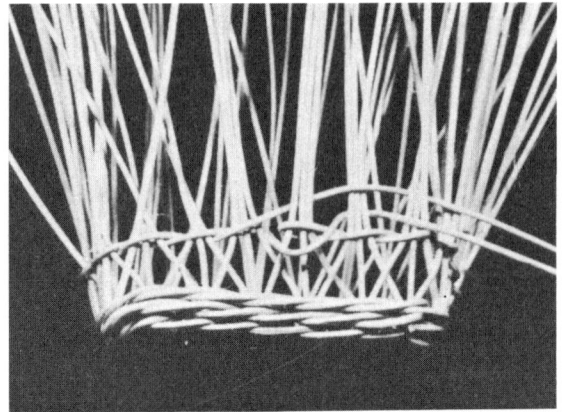

4. 도이츠 깃털 무늬를 엮으면서, 2줄 꼬아엮기를 한다.

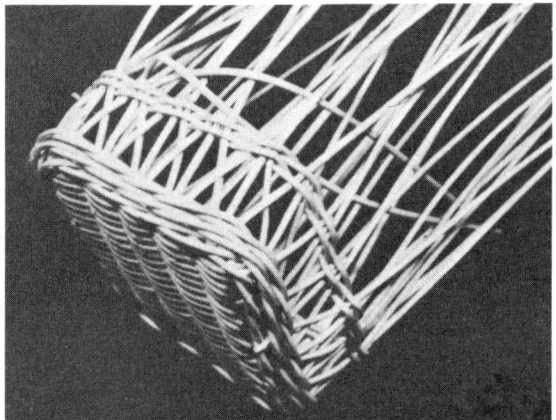

5. 2줄 꼬아엮기를 2바퀴하고, 날대를 1줄씩 4줄 건너 뛰어 엮는다. 이때 안쪽으로 낸 날대를 다시 한번 2줄 건너 뛰어 위에서 아래로 넣어 마무리한다.

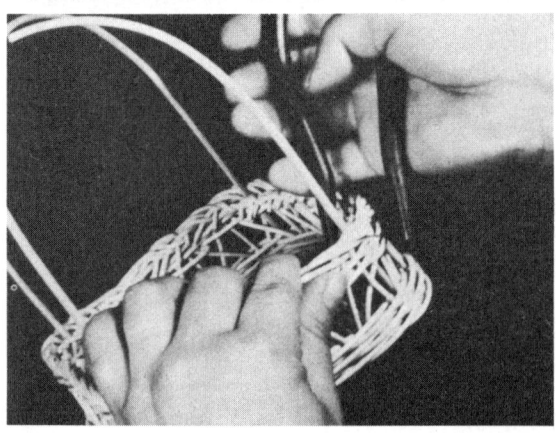

6. 꽂아둔 환심은 10m/m 정도의 못(3분 못)으로 고정시킨다. 사진은 꽃가위 끝을 사용하고 있지만 작은 쇠망치로 박아도 좋다.

7. 교차하는 환심을 묶어 장식하기 위해서 피등을 8자로 감는다. 이것을 2번 한 다음 안쪽에 있는 피등을 바깥쪽 피등 위를 지나게 하여 감는다.

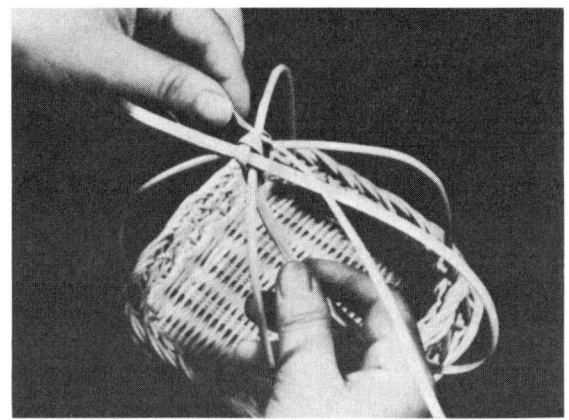

8. 같은 방법으로 안쪽 피등을 바깥쪽 피등 위로 5번 감는다.

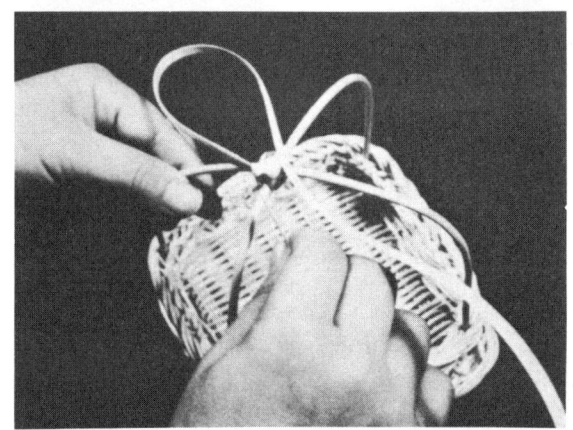

9. 완성이 맺음 방법의 경우, 6자로 겹쳤을 때 조금 느슨하게 해두어야 5번 통과시킬 수 있으니 주의.

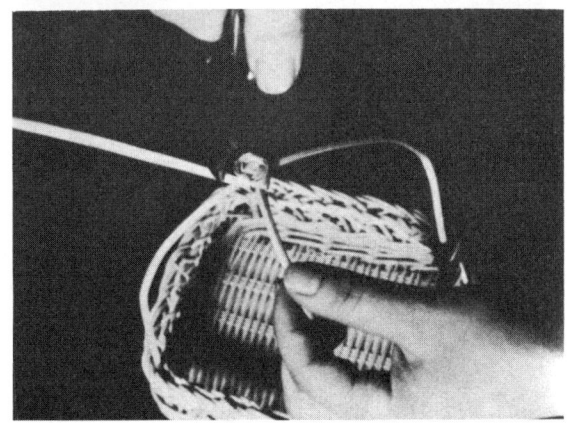

3각형 바닥의 바구니

바닥이 3각형인 바구니. 형태도 삼각형을 살린 조금 변형된 형태이다. 과일을 담거나 과자를 넣거나, 작은 물건을 넣는 것으로서 사용할 수 있다.

- 치　수…바닥 한변 15cm의 3각형
  높이 12cm
- 재　료…사릿대 2m/m의 환심
  날대 2m/m의 환심, 길이 100cm 18줄
  그 외 덧심 길이 45cm 42줄
- 포인트…바닥 삼각 소용돌이 엮기
  몸통 3줄 꼬아엮기에서 막엮기. 되돌아엮기를 넣어 테두리를 곡선으로 함.
  테두리 1줄 밖으로 젖혀 마무리, 2줄 건너뛰어 1줄 마무리.
  바닥 테두리 높은 파도 내 1줄 젖히기

1. 날대를 6줄씩 삼각 소용돌이로 놓고, 2줄 꼬아엮기로 한다. 2바퀴째에 날대를 2줄, 4줄로 나누고, 7바퀴까지 엮는다. 이 7바퀴째에 3곳에 2줄씩 덧날대를 더한다.

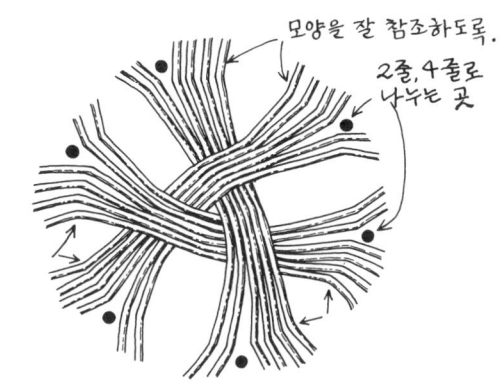

2. 8바퀴째에 날대를 모두 2줄씩 나누고, 2줄 꼬아엮기를 1바퀴 한다. 이때, 덧날대는 1조의 날대가된다. 2바퀴째부터는 막엮기로 하고, 각각 3곳의 덧날대를 정점으로 하여 되돌아엮기를 1바퀴 넣는다.

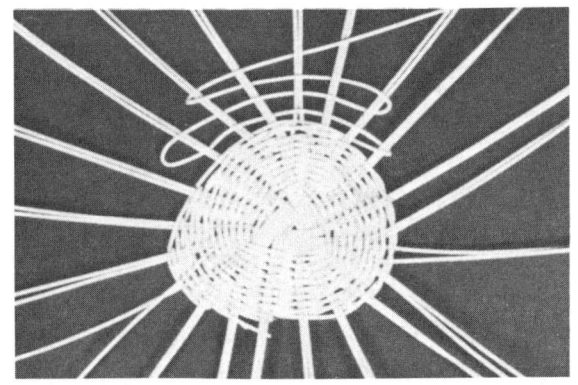

3. 한변이 15cm까지 엮은 다음, 날대를 세워 길이 45cm의 덧심을 2줄씩 더하면서 2줄 꼬아엮기를 한다. 덧심은 밑으로 15cm 내고, 밑에서 날대 양쪽에 1줄씩 나누어 더한다.

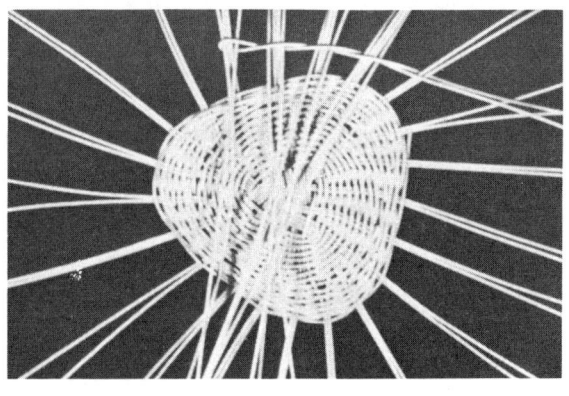

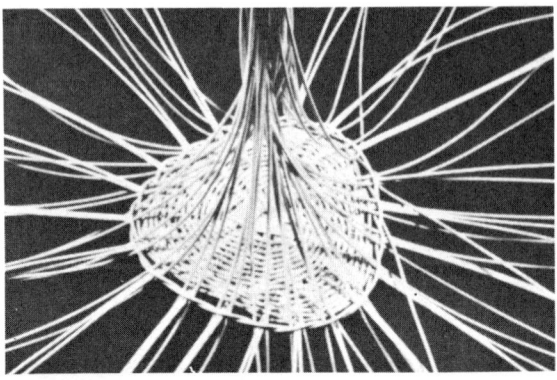

4. 날대를 일으켜 2줄 꼬아엮기로 4바퀴 돈다.

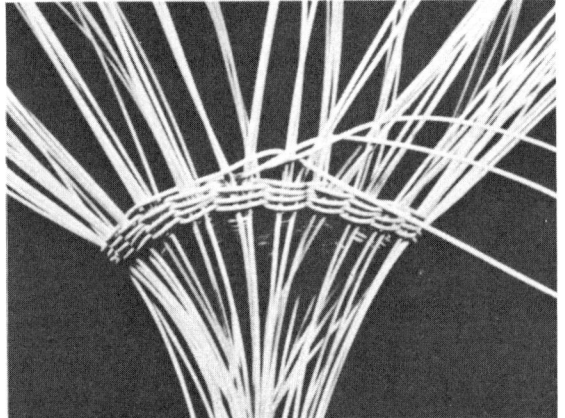

5. 5바퀴째부터 3줄 꼬아엮기로 하고, 4줄의 날대를 2줄씩 나눈다.

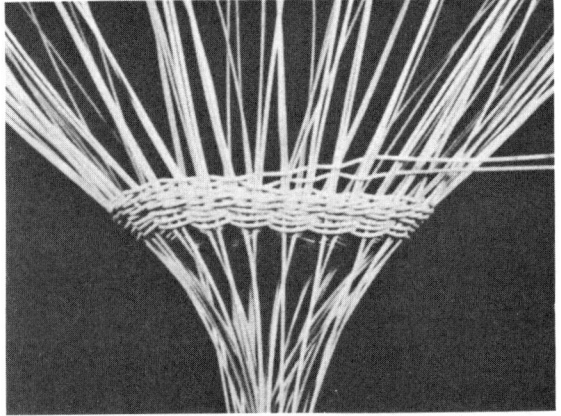

6. 3줄 꼬아엮기를 2바퀴하고 다음은 막엮기로 엮는다. 이때 날대수는 귀퉁이수가 되므로, 2줄의 사릿대를 교차하며 짜나간다.

7. 막엮기를 5바퀴 한 다음, 3각형의 정점을 기준으로 하여 되돌아엮기를 한다. 그리고, 다시 막엮기를 5바퀴 한 뒤 되돌아엮기를 하여 바구니 테두리를 커다란 파도 모양의 곡선으로 한다(오른쪽 그림 참조).

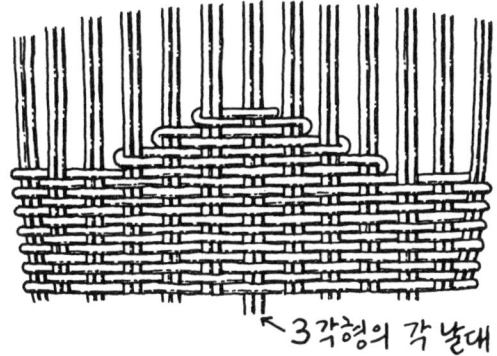

← 3각형의 각 낱대

8. 두번째 되돌아엮기가 끝나면 또 막엮기를 5바퀴 하고, 3줄 꼬아엮기를 1바퀴 한다.

9. 테두리는 사진과 같이 1줄 젖혀 마무리로 한다.

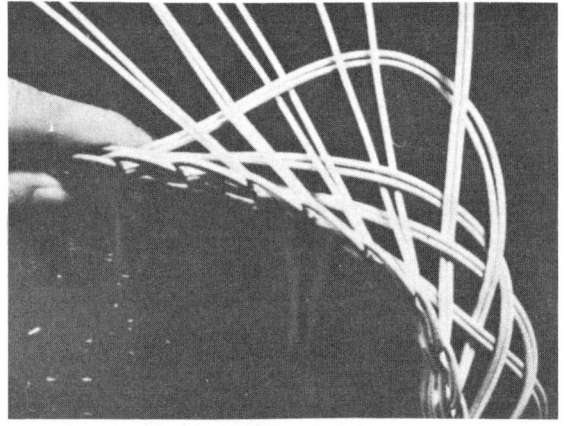

10. 다음에 젖힌 날대를 2줄 뛰어 1번 젖히기로 마무리한다. 1줄째와 2줄째 날대를 건너 뛰어 3줄째 날대 위에서 아래로 꽂는다.

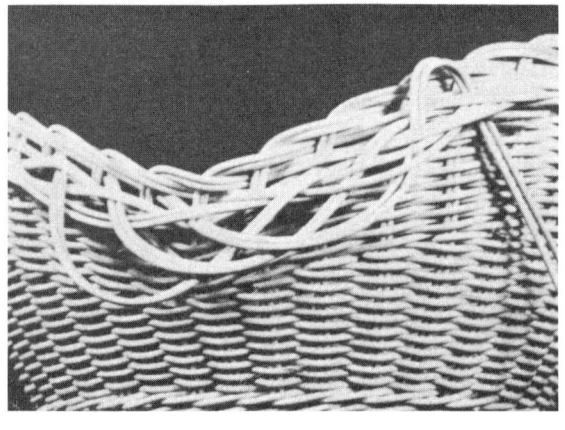

11. 2줄 건너 1줄 젖히기의 마무리.

12. 다음에 바닥 부분으로 나온 덧사릿대를 날대로 하여, 나와 보이게 하기 위해 2줄 꼬아 엮기를 4바퀴한다.

13. 마지막으로, 나온 부분의 테두리를 높은 파도 모양 안으로 1줄 젖히기로 마무리한다. 하는 법은 처음 날대를 다음 날대 안쪽에서 바깥으로 내고, 4줄 바깥으로 낸 다음 맨나중 날대를 가운데로 넣는다 (다음 삽화 참조).

14. 높은 파도무늬의 1줄 젖히기 완성.

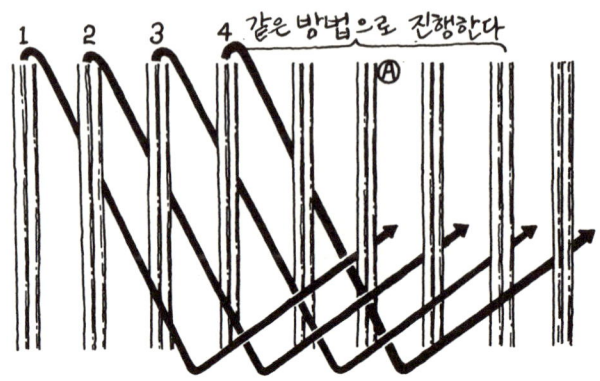

1의 대로 2의 아래를 통과하여 3,4와 그 부근의 위를 통과하여 ⓐ날대의 안쪽으로 넣는다.

빵바구니

손잡이가 달린 장방형의 빵바구니. 프랑스빵 바퀘트를 그대로 넣거나, 샌드위치를 넣거나, 식탁의 악세서리로서도 멋이 있다.

- 치 수…바닥 30×13cm의 장방형
  높이 7cm(손잡이는 10cm)

- 재   료…사릿대 $2\frac{3}{4}$ m/m의 환심

  날대 $2\frac{3}{4}$ m/m의 환심, 길이 75cm 30줄

  손잡이 8m/m의 환등, 길이 40cm 1줄
- 포인트…바닥 2줄 건너 평뜨기

  몸통 3줄 꼬아엮기와 막엮기

  테두리 파도무늬 마무리.

1. 길이 75cm 날대를 밑에서 30cm 지점에서 2줄씩 나란히 하여 1.5cm 간격으로 2줄 꼬아엮기로 고정한다.

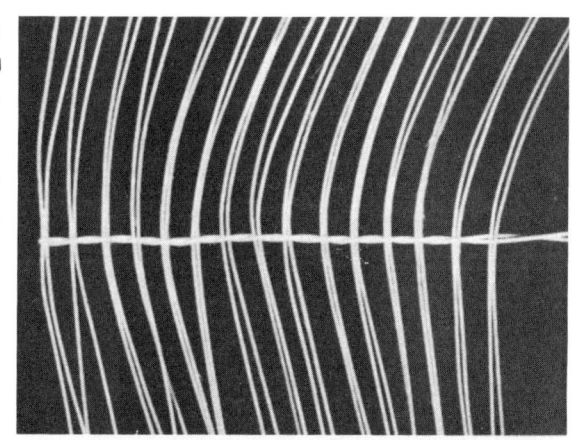

2. 2줄의 사릿대 가운데, 아래로 낸 1줄은 그대로 오른쪽으로 낸다. 나머지 1줄은 되돌려엮기를 하여 왼쪽으로 낸다.

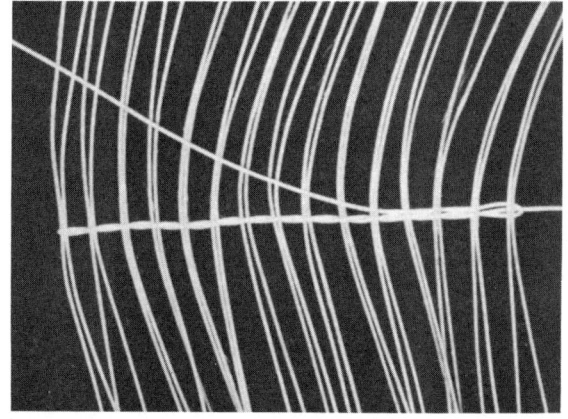

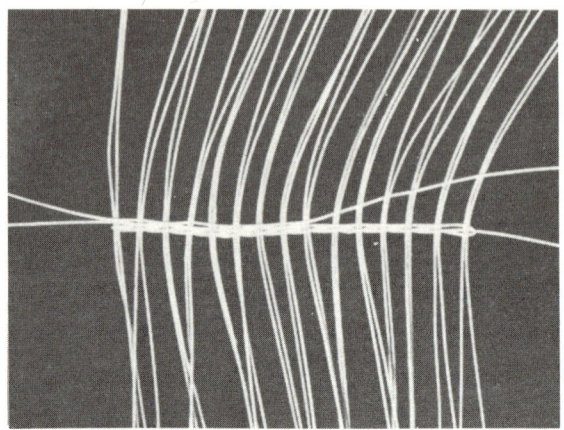

3. 다음 사릿대도 왼쪽으로 20cm 내고, 막엮기를 하여 오른쪽으로 낸다.

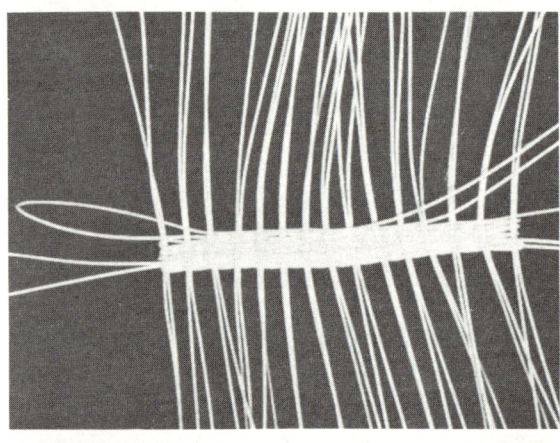

4. 7단째에는 좌우로 20cm씩 사릿대를 내어두고, 이것을 반복한다.

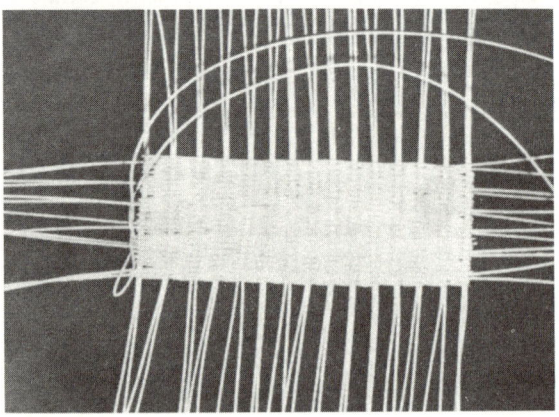

5. 29×11cm 크기까지 평짜리를 하고, 그 뒤 바깥쪽에 2줄 꼬아엮기를 한다.

6. 2줄 꼬아엮기를 할 때, 각 코너에는 길이 60cm의 날대를 반으로 꺾어 넣는다. 이것은 바구니의 각을 깨끗하게 하기 위한 방법이다.

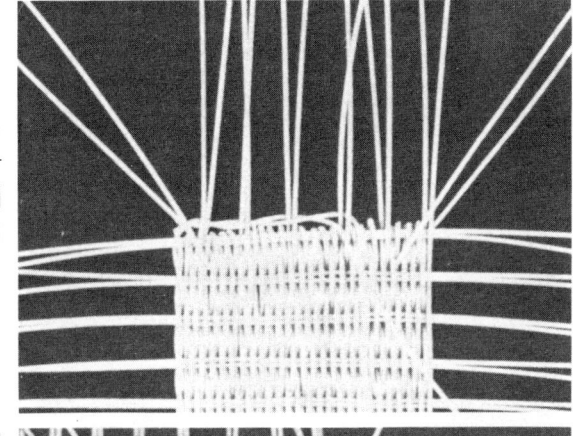

7. 2줄 꼬아엮기를 한 뒤 사릿대를 1줄 더하여 직각으로 세우고, 3줄 꼬아엮기를 한다.

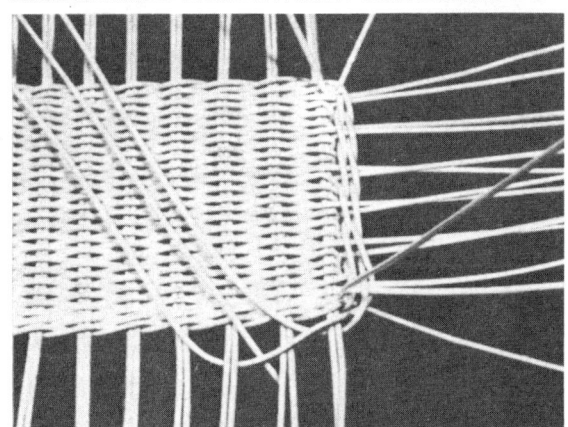

8. 3줄 꼬아엮기를 3바퀴한다.

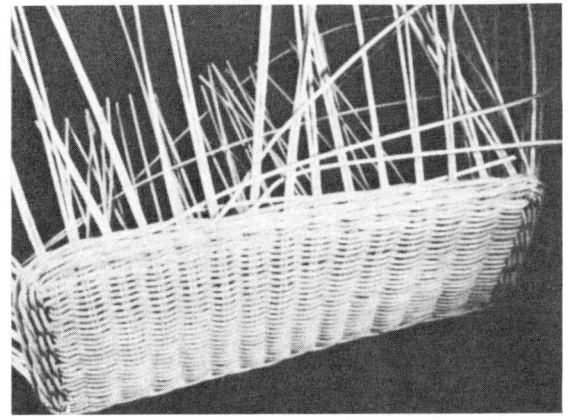

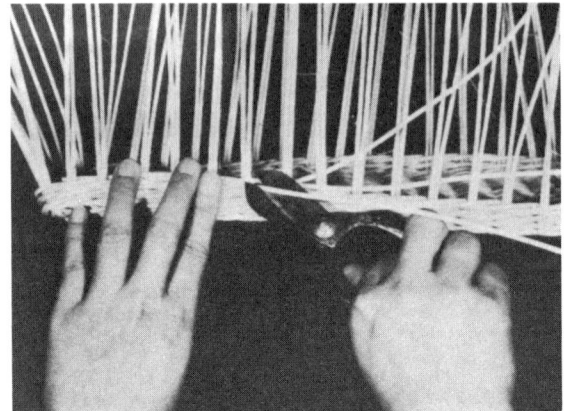

9. 뒤로 사릿대 1줄을 꺾고, 나머지 2줄 사릿대로 2cm 높이까지 막엮기를 한다.

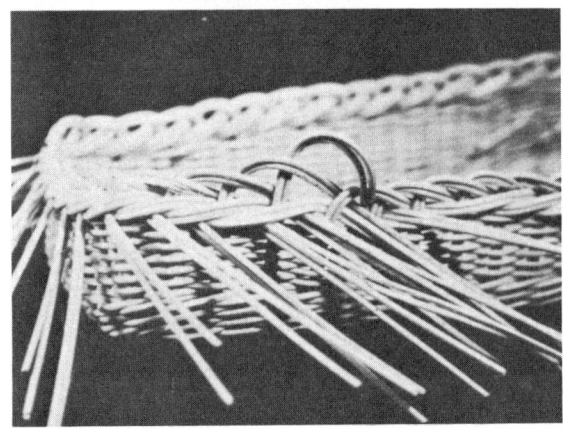

10. 막엮기를 한 뒤, 2줄 꼬아엮기로 2바퀴 엮은 다음 테두리 마무리를 한다. 처음은 1줄 안으로 젖혀 마무리를 한다(다음 페이지의 삽화 참조).

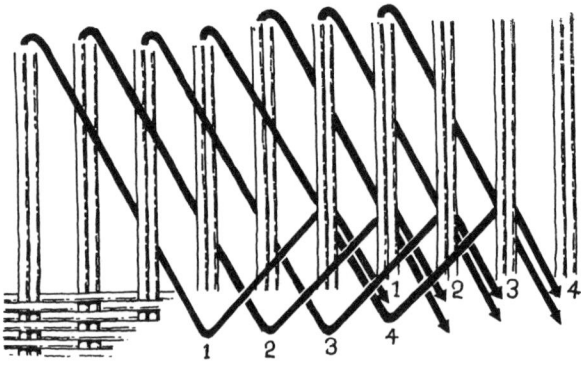

11. 1줄 안으로 젖히기가 끝나면 이번에는 파도무늬를 넣는다. 사릿대 1줄을 다음 사릿대 위로 통과시켜 그 다음 사릿대 밑으로 놓는다. 이것을 반복한다.

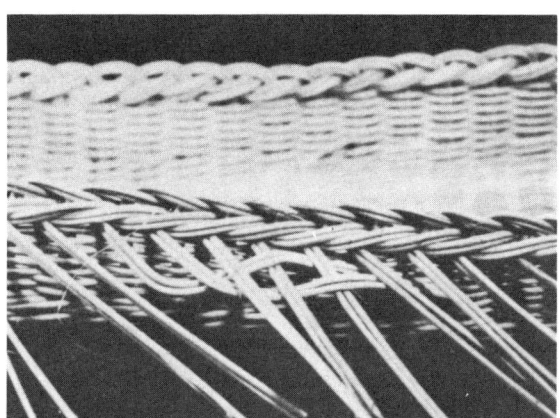

12. 파도무늬 마무리의 완성 (검게 칠한 부분).

13. 다음은 손잡이의 연결. 길이 40cm의 환등을 U자형으로 구부려 양끝을 깎는다. 이것을 적당한 위치의 날대에 꽂고, 테두리 심에 못을 박는다.

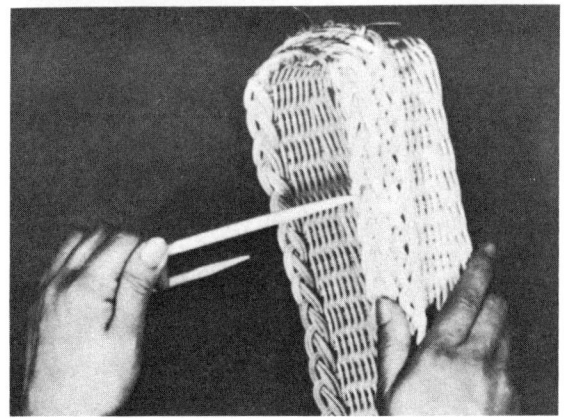

14. 이 환등 위에, 테두리에 환심 4개를 넣어 감는다.

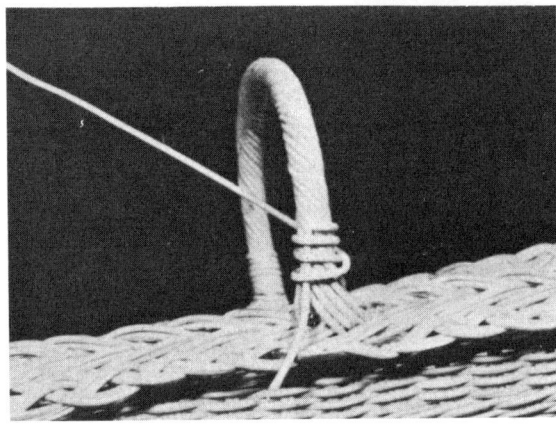

15. 손잡이 양끝은 빈틈이 없도록 환심을 감아둔다.

와인 바스켓

바닥이 5각형으로 된, 손잡이가 달린 와인 바스켓. 치수를 와인병에 맞추어 만들지만 빵바구니로 사용해도 좋다.

- 치　수…바닥 24cm×10cm의 장방형, 5각형 정점에서 밑변까지 15cm

  높이 8cm(손잡이를 포함하면 18cm)
- 재　료…사릿대 2m/m의 환심

  날대 2m/m의 환심, 길이 55cm 28줄

손잡이 5m/m의 환등, 길이 50cm 2줄
- 포인트…바닥 평엮기
  몸체 3줄 꼬아엮기, 막엮기, 깃털무늬를 넣음
  테두리 2줄 젖혀 안으로 마무리

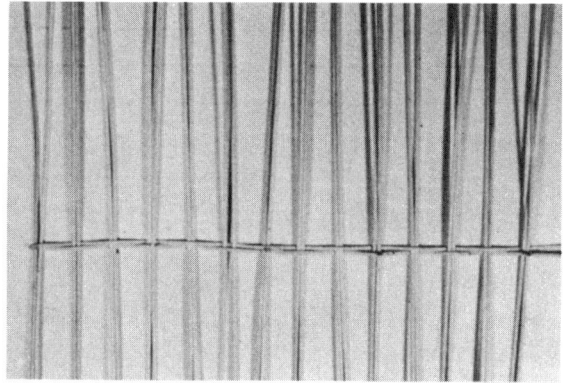

1. 두꺼운 종이를 준비하여 2cm각의 바둑판 눈모양으로 선을 긋는다. 이것을 밑그림으로 하여 눈금을 따라 날대를 놓고, 밑에서 25cm 되는 곳에서 평엮기를 하면서 2줄째에 10m/m 못으로 박는다.

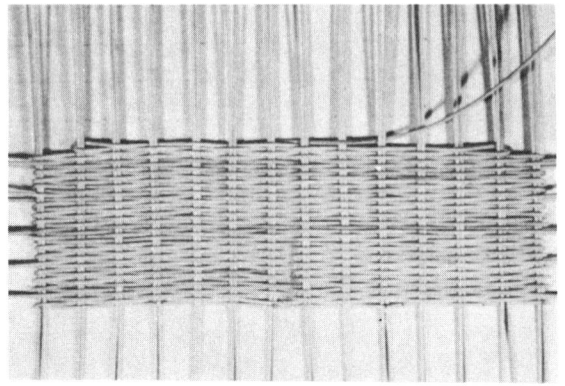

2. 10cm 정도까지 엮고, 1단씩 빼면서 되돌아엮기를 한다. 이것을 앞에 나온 빵바구니와 같은 요령으로, 7단째마다 양 사이드에 사릿대를 15cm씩 내며 엮는다.

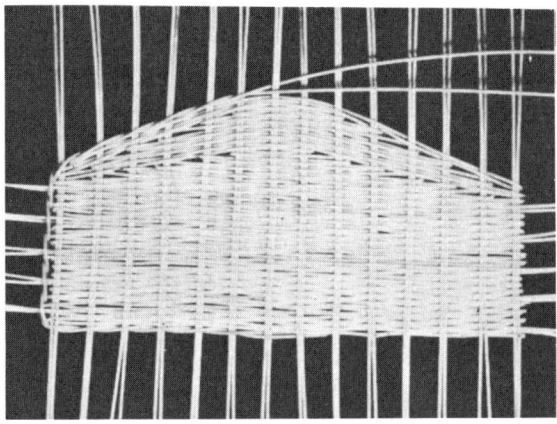

3. 중앙의 3조의 날대까지 되돌아엮기를 한 뒤, 양끝까지 2회 엮고, 다시 1회에 1단씩 빠뜨리며 되돌아 엮고, 다시 한번 1단씩 빠뜨리며 되돌아 엮기를 한다(다음 삽화 참조). 5각형이 되면 2줄 꼬아엮기를 2바퀴하고 직각으로 세운다.

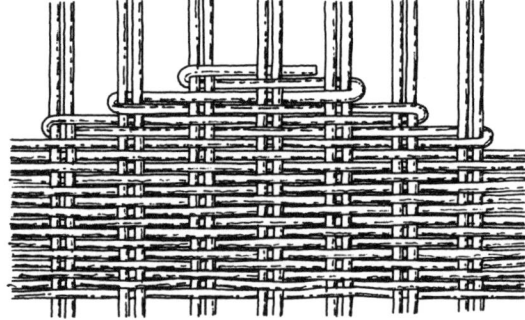

이 그림과 같이 1회에 1단씩 빠뜨리며 되돌아 엮고, 다시 한번 1단씩 빠뜨리며 되돌아 엮는다.

4. 세운 다음 3줄 꼬아엮기를 3바퀴 돌고 나서 2줄의 사릿대로 막엮기를 1cm 정도 엮고, 또 3줄 꼬아엮기를 2바퀴 한다. 2.5cm 간격을 두고 깃털엮기를 하면서 2줄 꼬아엮기를 한다.

5. 2줄 꼬아엮기의 사릿대 더하는 법. 끝난 사릿대를 앞으로 내어, 다음 덧심을 끝난 심과 날대 사이로 지나가게 하여 연결한다.

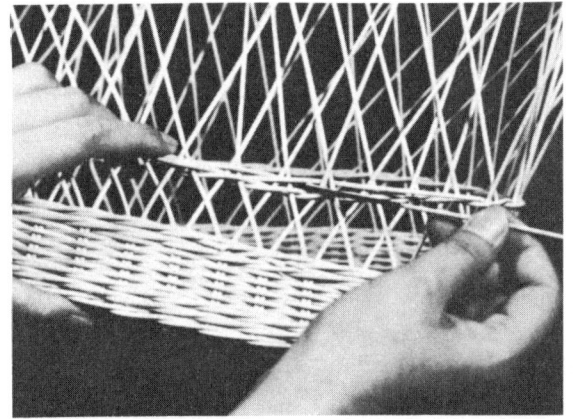

6. 2줄 꼬아엮기를 2바퀴 한다.

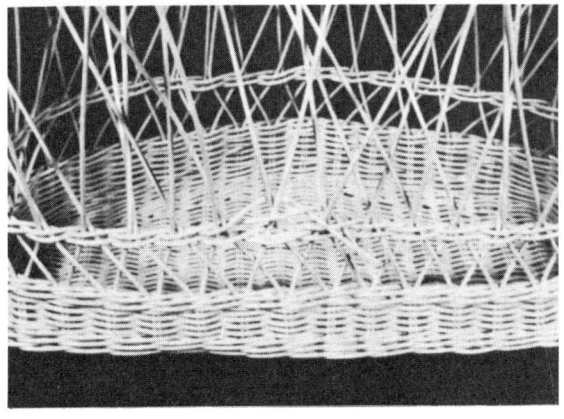

7. 2줄 안으로 젖히기를 한다. 날대를 3줄 안쪽 젖히기로 밖으로 내어, 처음 날대를 세번째 날대 뒤에 겹쳐 속으로 넣고, 다음 날대를 건너뛰어 밖으로 낸다. 이것을 반복한다(다음 삽화 참조).

8. 2줄 젖혀 안으로 마무리.

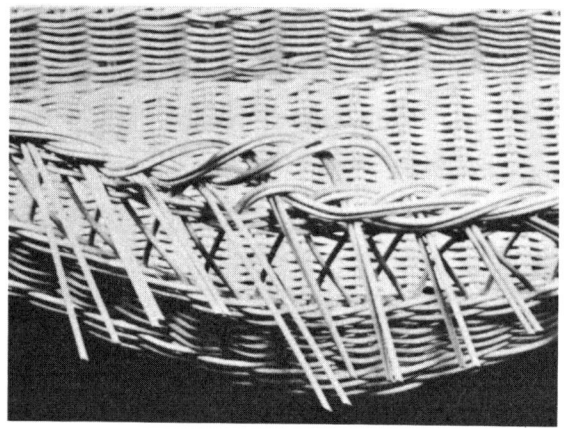

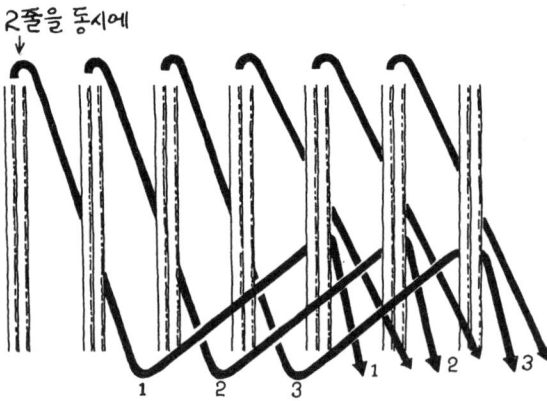

솜씨 바구니

피등으로 뱀무늬 엮기를 한 손잡이가 아름다운 바구니. 빵을 넣거나 와인 2병 정도가 들어가는 것으로 멋이 있다.

- 치　수…바닥 20×30cm의 장방형
  높이 10cm(손잡이 높이 15cm)
- 재　료…사릿대 $2\frac{3}{4}$ m/m의 환심

  날대 $2\frac{3}{4}$ m/m의 환심, 길이 70cm×30줄, 길이 80cm×22줄, 길이 29cm×60줄

  손잡이 8m/m의 환등, 길이 45cm×2줄
- 포인트…바닥 이랑엮기
  몸체 막엮기
  테두리 2줄 젖혀서 솔잎 마무리

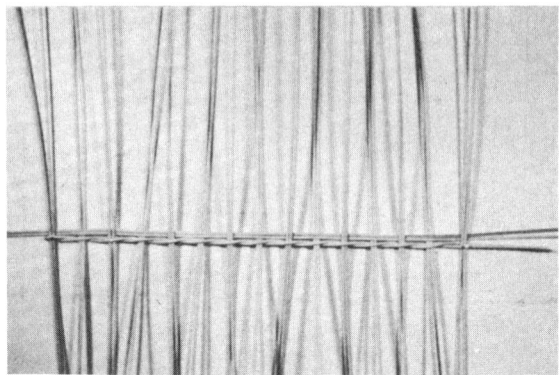

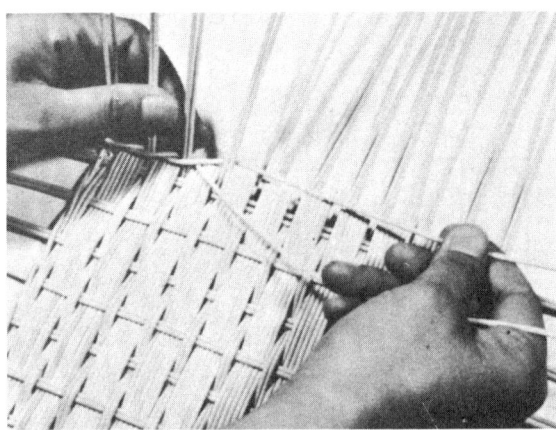

1. 두꺼운 종이에 2cm 정도 선을 긋고, 여기에 맞추어 길이 70cm의 날대를 2줄씩 놓는다. 밑으로 25cm 정도에서 2줄 꼬아엮기를 하고, 양 사이드를 못으로 고정한다. 다음에 80cm 길이의 날대를 2줄 평엮기로 하고, 양 사이드를 좌우 날대로 낸다. 이때 날대에 고저가 있게 한다.

2. 다음에 29cm 길이의 사릿대를 6줄씩 놓고, 그 다음에 80cm 길이의 대를 2줄 통과시킨다. 이렇게 반복하여 엮으면서 이때 80cm 대가 파형을 이루게 하고, 29cm 대는 똑바로 평평히 되게 한다. 1에서 날대에 고저를 준 것은 이 때문이다.

3. 18×20cm의 장방형이 되면, 날대를 일으키면서 2줄 꼬아엮기를 2바퀴한다.

4. 2줄 꼬아엮기를 한 뒤, 3줄 꼬아엮기를 1바퀴 돌리면서 이때 각 코너의 바닥에 28cm 길이의 덧대를 3줄씩 꽂아 함께 꺾는다.

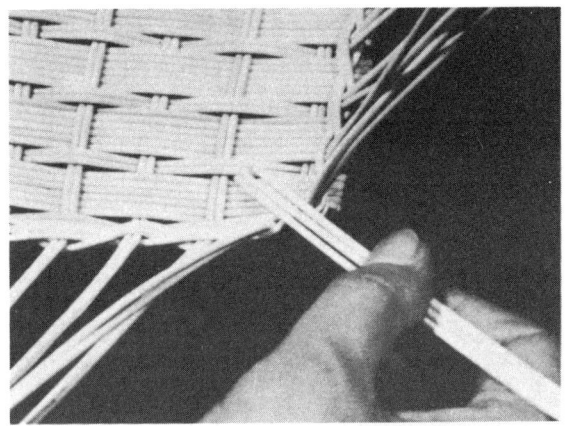

5. 앞쪽에 세운 날대를 반대쪽으로 꺾으면서 3줄 꼬아엮기로 엮는다.

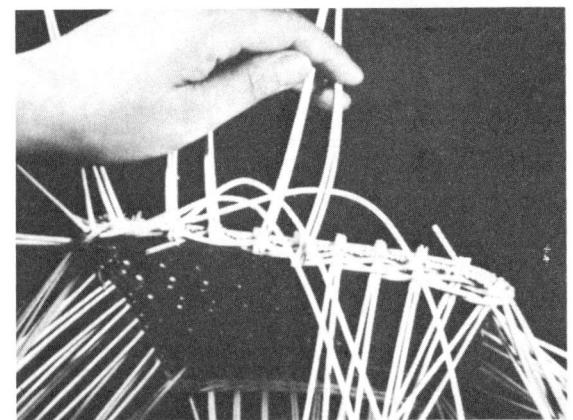

6. 3줄 꼬아엮기를 3바퀴 한 다음, 2줄의 사릿대로 막엮기를 7cm 정도 넣는다. 그리고 3줄 꼬아엮기를 2바퀴 한다.

7. 테두리는 2줄 안쪽으로 젖혀서 밖으로 내고, 3조의 대가 나오면 처음 대를 안쪽으로 꽂는다(다음 삽화 참조). 이것을 반복하면 솔잎 마무리가 된다.

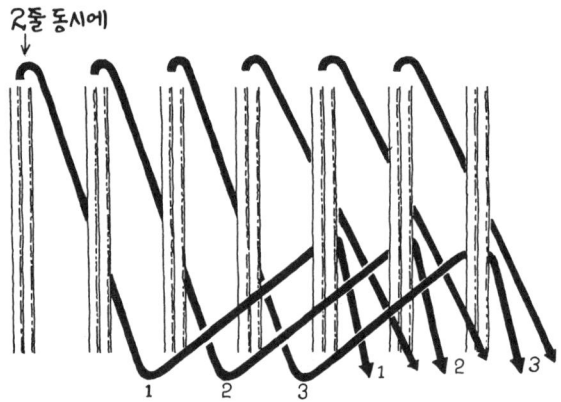

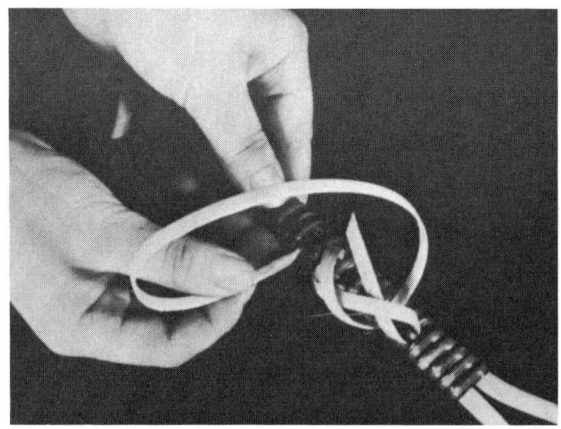

8. 손잡이는 환등을 높이 15cm의 U자형으로 구부린 것을 2줄 만들고, 못으로 고정하여 피등으로 감는다. 피등 감는 법은 위·아래 1줄 감기를 한다.

9. 이것은 뱀무늬 감기임. 다 된 손잡이는 바구니의 적당한 위치에 고정하여 못으로 박는다. 와인을 넣을 때는 단단히 고정시키지 않으면 빠지게 된다.

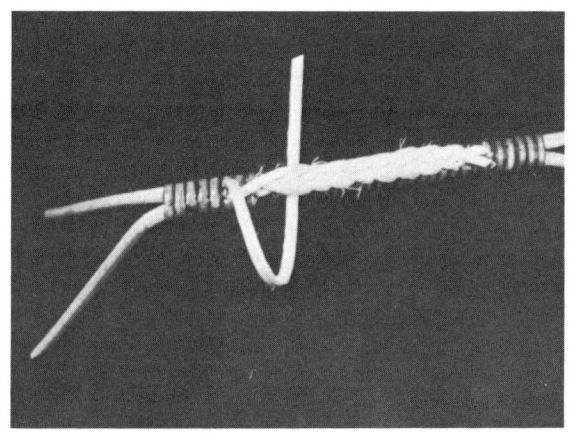

소반형 바구니

바닥의 형태가 소반형인 바구니. 귀여운 손잡이를 달아보자. 과일이나 작은 물건 등을 넣으면 좋다.

- 치   수…바닥 22×18cm의 타원형
  높이 긴변 10cm, 짧은변 7cm(손잡이 8cm)

116

- 재   료…사릿대 $2\frac{1}{2}$ m/m의 환심

  날대 $2\frac{1}{2}$ cm/m의 환심, 길이 70cm 32줄

  손잡이 8m/m의 환등, 길이 36cm 2줄

- 포인트…바닥 날대를 1cm 간격으로 6줄 4줄, 4줄 6줄로 놓고, 가로로 4줄씩 평엮기를 함.

  몸체 3줄 꼬아엮기를 하고, 말엮기, 되돌아 엮기를 넣음.

  테두리 2줄 젖혀 안으로 마무리

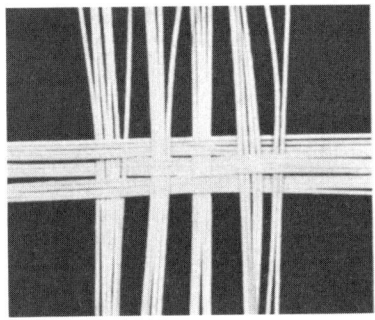 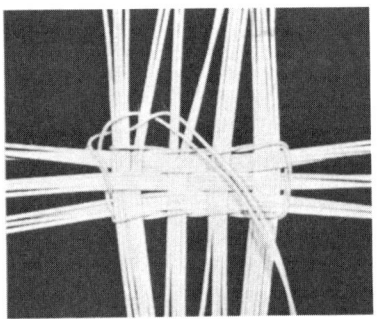

1. 길이 70cm의 날대를 6, 4줄, 4, 6줄로 1cm 간격으로 놓는다. 그렇게 4줄씩 평엮기를 한다. 이때, 될 수 있는 한 간격이 없도록 엮는다.

2. 2줄 꼬아엮기를 1바퀴 돌아 날대를 고정하고, 2바퀴째에는 좌우로 나온 날대는 4줄인 채로 하여 날대와 나란한 6줄 날대를 4줄 2줄로, 4줄 날대는 2줄 2줄로 나눈다.

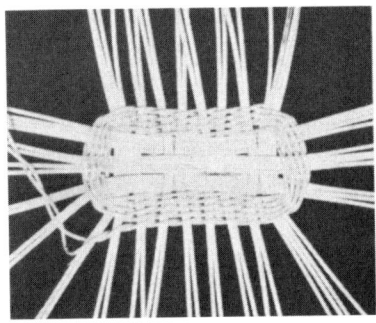 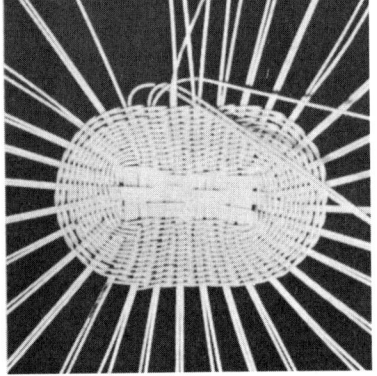

3. 5바퀴째에는 전부 날대를 2줄씩 나눈다.
4. 긴 변이 22cm, 짧은 변이 18cm 크기까지 엮은 다음, 2줄 꼬아엮기를 한다. 다음에 날대를 1줄씩 4줄 건너뛰어 엮은 다음 꺾는다.

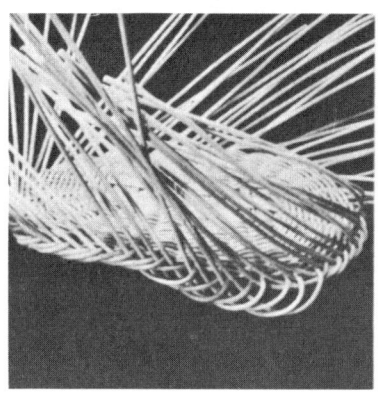
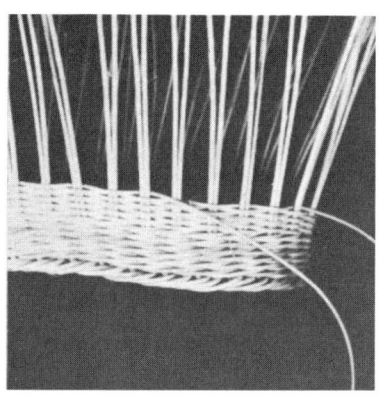

5. 날대를 전부 4줄 건너뛰기 하여 꺾는다.
6. 약간 벌려지도록 3줄 꼬아엮기로 5바퀴 돈다. 그 다음, 3줄 꼬아엮기를 하고, 뒤쪽 1줄을 자르고 2줄로 2.5cm까지 막엮기를 한다.

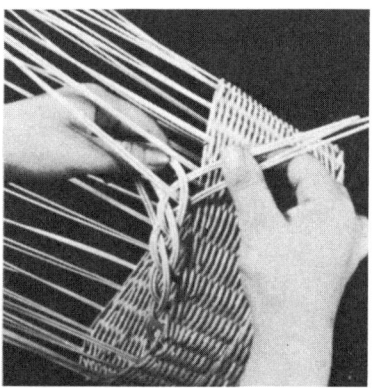

7. 중앙에서 날대를 반으로 나누어 1단씩 빼면서 되돌아엮기를 한다. 이것은 테두리를 파도무늬로 하기 위한 것이다. 그 뒤 또 다시 막엮기를 4바퀴한다.
8. 테두리는 밖으로 젖혀서 3조의 날대를 밖으로 내어, 1조를 세번째조 위에서 가운데로 넣는다. 이것을 반복한다.

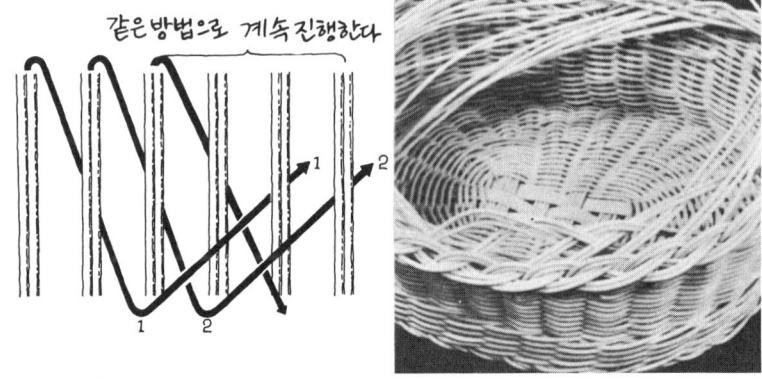

9. 테두리 마무리에서 가운데로 나온 날대는 다음 날대 위에서 아래로 넣고, 그 다음 대로 고정시킨다.

10. 가운데로 젖혀 마무리의 완성.
11. 손잡이는 길이 36cm의 환등을 사진과 같이 구부려, 끝을 깎은 것을 2개 만들어 못으로 고정한다.

12. 바구니 양끝의 날대를 따라 송곳으로 환등이 들어가도록 느슨하게 손잡이를 꽂아 못으로 고정시킨다.

13. 손잡이 중앙에는 장식으로 피 등을 나비 매듭으로 묶는다. 묶는 법은 사진과 같이 8자로 피등을 감고, 중앙을 교차시킨다.

14. 같은 요령으로 5바퀴 돌리면 완성됨.

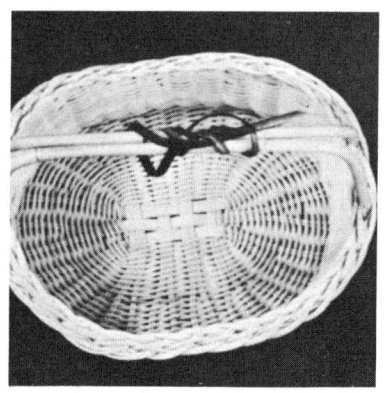

접 시

바닥이 얕고, 테두리가 포인트인 접시 바구니. 디자인이 극히 심플하며 무엇으로도 사용할 수 있는 접시이다. 채소를 넣어도 좋다.

- 치 수…바닥 직경 25cm
   높이 8cm

- 재　료…사릿대 $2\frac{3}{4}$ m/m의 환심, $3\frac{1/2}{}$ m/m의 환심

  날대 $3\frac{1/2}{}$ m/m의 환심, 길이 100cm 32줄
- 포인트…바닥 8줄 井자 구조, 바닥의 시작은 $2\frac{3}{4}$ m/m의 환심을 사용하고, 2줄 젖히기부터는 $3\frac{1}{2}$ m/m의 환심을 사용함.

  몸체 3줄 꼬아엮기로 올라가 막엮기함

  테두리 안쪽으로 젖혀 마무리(파도무늬)

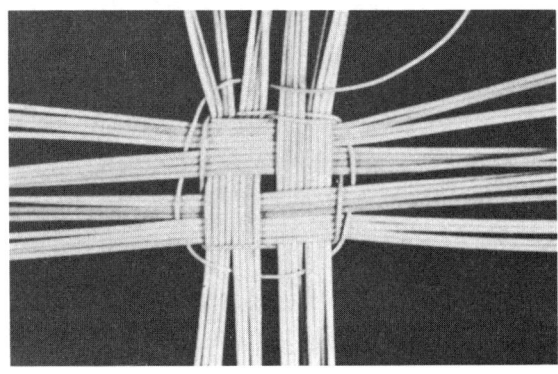

1. 길이 100cm 날대 8줄로 井자를 짠다. $2\frac{3}{4}$ m/m의 환심으로 8줄 날대를 1바퀴 돌고, 마지막 8줄은 4, 4로 나눈다. 2바퀴째부터는 8줄을 4줄씩 나누어가며, 맨나중 4줄을 2, 2로 나누어 15바퀴 돈다.

2. 15바퀴 돌고 4줄씩 나눈 다음 2, 2로 나눈 날대에 2줄의 덧날대를 더하여 모든 날대를 2줄씩 나눈다.

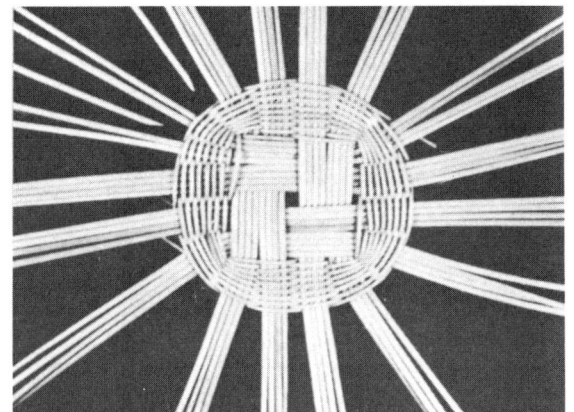

3. 직경 18cm 정도까지 엮으면 날대가 2줄 건너엮기로 깨끗이 나뉜다. 여기에서부터 $3\frac{1}{2}$ m/m 환심을 사용한다. 이때 사릿대 더하는 법은 아래에서 이으면 바구니 표면이 깨끗이 마무리된다.

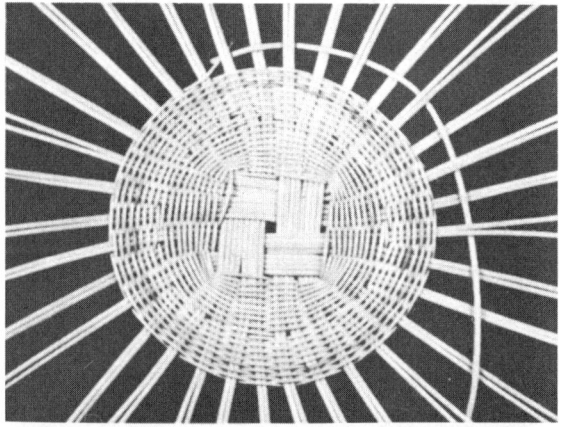

4. 직경 24cm까지 엮은 다음, 3줄 꼬아 엮기를 1바퀴 한다. 이때, 2줄의 사릿대를 더하는 법은 1줄의 긴 대를 둘로 나누어 사진과 같이 더하면 좋다.

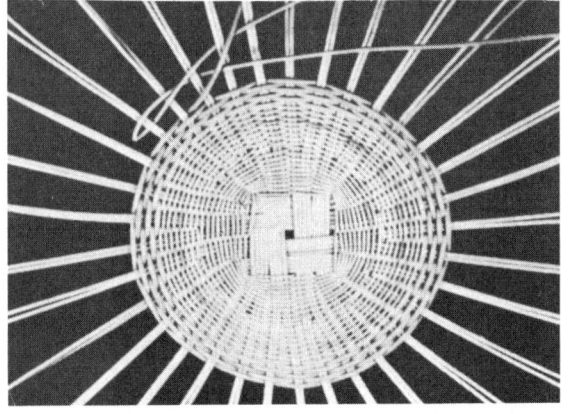

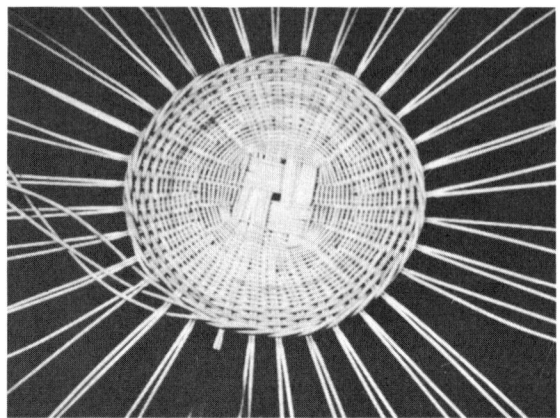

5. 3줄 꼬아엮기를 1바퀴 한 다음, 3줄의 사릿대는 그대로 두고 꺾어올린다. 이때, 집게를 사용하여 날대를 꺾어두면 좋다.

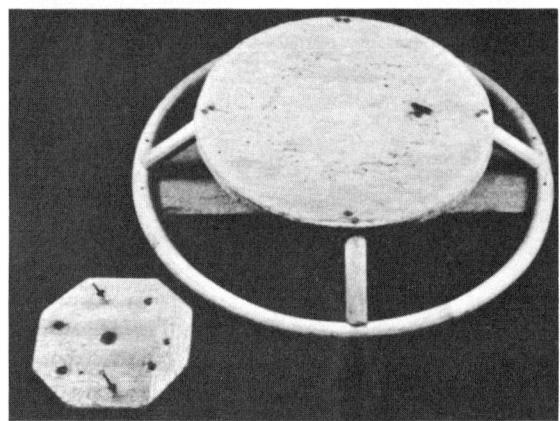

6. 바닥이 완성되면 몸체를 꺾기 전에 사진과 같이 틀을 사용한다. 바닥 부분을 틀 위에 놓고 못으로 살짝 가고정시킨다. 틀이 없는 경우는 측면을 약 45°의 각도로 넓히듯이 엮어 올라간다.

7. 측면은 3줄 꼬아엮기를 3바퀴 한 다음, 7cm 높이까지 막엮기를 한다. 테두리는 안쪽으로 젖혀 마무리하고, 모든 날대를 밖으로 낸다.

8. 밖으로 낸 날대를 다시 한번 안으로 젖히기를 한다.

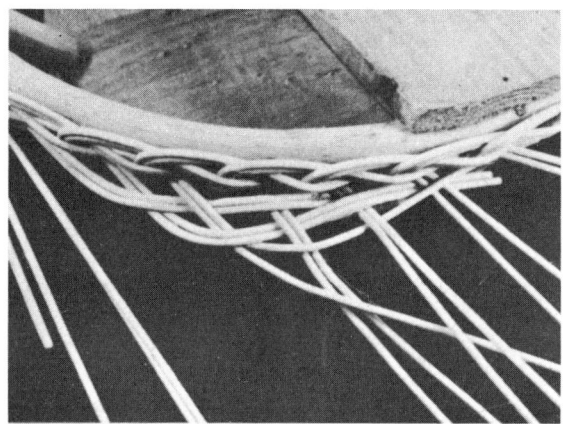

9. 3번째에는 아래로 내어, 가위를 사용하여 잘라 정리한다.

야채 바구니

바닥이 얕고, 입이 넓은 심플한 형태의 바구니. 채소를 넣거나 과일을 넣는 등 여러가지 용도가 있다. 컬러 사진의 것은 더 심플하지만 이것은 형을 조금 작게 하고 장식을 넣어 보았다.

- 치　수…바닥 직경 23cm
     높이 17cm
- 재　료…사릿대 $2\frac{1}{2}$ m／m, $3\frac{1}{2}$ m／m의 환심

날대 $3\frac{1}{2}$ m/m의 환심, 길이 90cm 24줄

- 포인트···바닥 井자 엮기(6줄 날대)
  몸체 3줄 꼬아엮기, 막엮기, 장식 부분은 ×자 엮기
  테두리 1줄 안으로 젖혀 마무리

 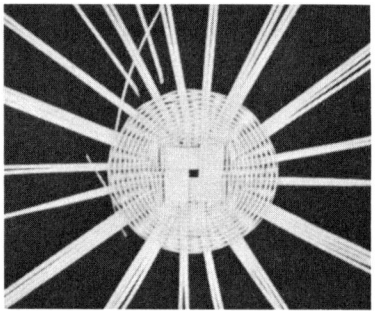

1. 날대를 6줄씩 井자로 놓는다. $2\frac{1}{2}$ m/m 사릿대로 우선 1바퀴 돌리고, 2바퀴째에 들어갈 때 날대를 2, 4줄로 나누어 4바퀴를 돈다. 6바퀴째부터는 전부를 2, 4로 나누고, 처음 나눈 4줄을 2, 2로 나누어 15바퀴 정도 엮는다.

2. 처음 2줄을 나눈 곳에 덧날대를 2줄 더하여 날대를 전부 2줄씩 한다. 여기에서부터 직경 20cm까지 막엮기를 한다.

3. 바닥이 다 엮어졌으면 사진과 같은 형태를 사용하여 밖으로 젖혀 바닥의 테두리를 만든다. 엮는 법은 우선 3조의 날대를 밖으로 젖히기를 하는데, 3조째의 날대가 밖으로 나오면 1조째의 날대를 3조째의 날대에 꽂아서 가운데로 돌린다.

4. 밖으로 젖혀 마무리의 완성. 발이 틀리지 않도록 주의.

5. $3\frac{1}{2}$ m / m의 사릿대를 사용하여 3줄 꼬아엮기를 2바퀴 한 다음, $2\frac{1}{}$ m / m의 사릿대로 막엮기를 7바퀴 돌린다. 그리고 양쪽의 사릿대를 사용

하여 x자형을 엮는다. 이것은 $3\frac{1}{2}$ m/m 대를 3줄 합쳐서 날대 위에 놓고, $2\frac{1}{2}$ m/m 대 2줄로 3줄 대를 묶는다.

6. $2\frac{1}{2}$ 사릿대를 이을 때는 이 사진과 같은 방법으로 잇는다. 이 잇는 부위는 바구니 안쪽으로 숨겨지도록 한다.

7. x형 엮기를 3바퀴 넣은 다음, 뒤는 $3\frac{1}{2}$ m/m를 사릿대로 하여 막엮기를 한다.

8. 높이가 11cm까지 막엮기를 한 다음, 손잡이가 되는 부분의 공간을 만든다. 날대를 좌우로 나누면 그 부분이 열린다. 이것을 반대쪽에도 같이 한다.

9. 손잡이 부분이 3cm될 때까지 한쪽씩 되돌아 엮기를 한다. 이때 되돌아 오는 날대에 사릿대를 1바퀴 감는다.

10. 손잡이 높이가 3cm가 되면 사진과 같이 2줄 꼬아엮기를 넣는다. 그리고, 날대를 넣어 2줄 꼬아엮기를 2바퀴 한다.

 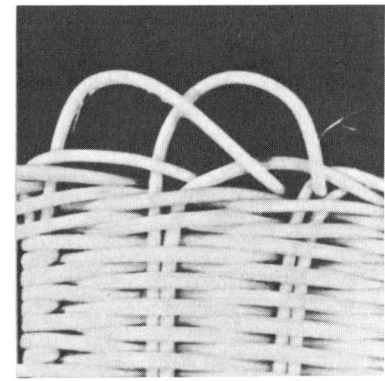

11. 테두리는 1줄 안으로 젖혀 마무리로 한다. 날대를 1줄씩 2줄 건너 안쪽으로 젖힌다. 이것을 반복한다.

12. 1줄 젖혀 마무리의 마지막 부분.

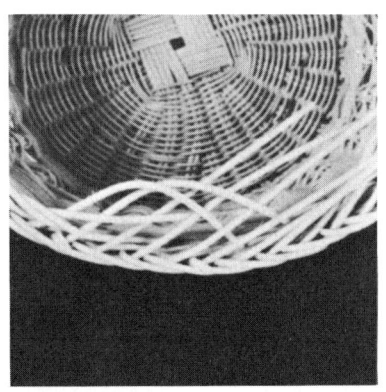

13. 안쪽으로 나온 대는 다시 한번 아래쪽으로 젖혀 1줄씩, 3줄 건너엮기로 아래에 넣는다.

볼형의 전등갓

커다란 공 모양의 전등갓. 심플한 형태가 아름답고, 리빙룸이나 침실에 적당하다. 가운데 넣는 전구는 흰전구로 40~60W. 소켓은 시판되는 자기 제품이 적당하다.

- 치　수…직경 40cm의 구형
  　　　　개구부 직경 약 20cm
- 재　료…사릿대 $2\frac{3}{4}$ n/m의 환심

  　　　　날대 $3\frac{1}{2}$ m/m의 환심, 길이 150cm 32줄
- 포인트…井자 구조(8줄 날대)
  　　　　측면 막엮기, 장식은 울타리 무늬가 2중으로 들어감
  　　　　테두리 2줄 밖으로 젖혀 마무리

1. 8줄의 날대를 井자로 놓고 2줄 꼬아엮기로 2바퀴 돈다(다음 삽화 참조).

4줄{

井자 엮기

← 엮는대

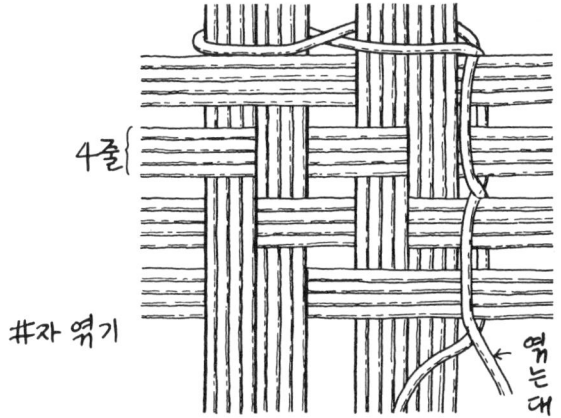

2. 3바퀴째부터는 4줄씩 나누어 2줄 꼬아엮기로 엮는다. 이때 井자로 엮어두면 깨끗이 나뉠 수 있는 이점이 있다.

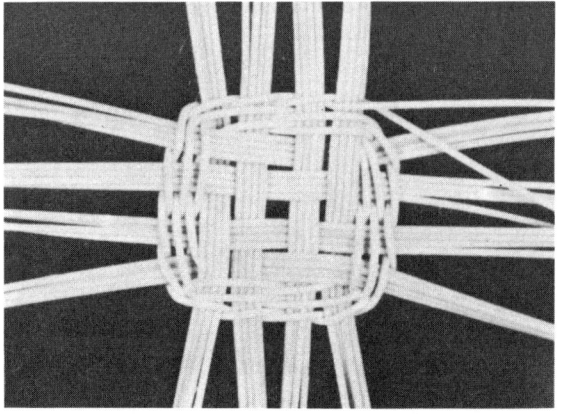

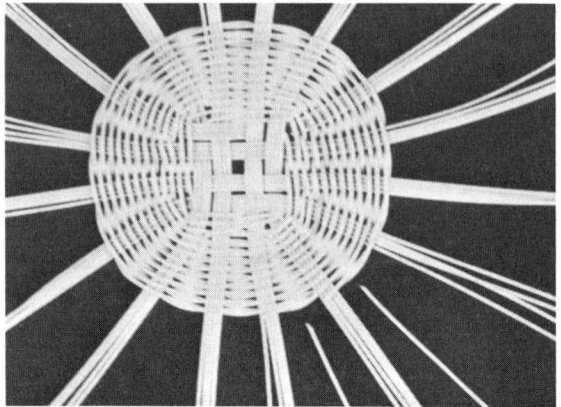

3. 직경 18cm까지 꼬아엮기로 엮은 다음 한곳을 2줄의 덧날대를 더하여 모든 날대를 2줄씩 나누어 막엮기를 한다.

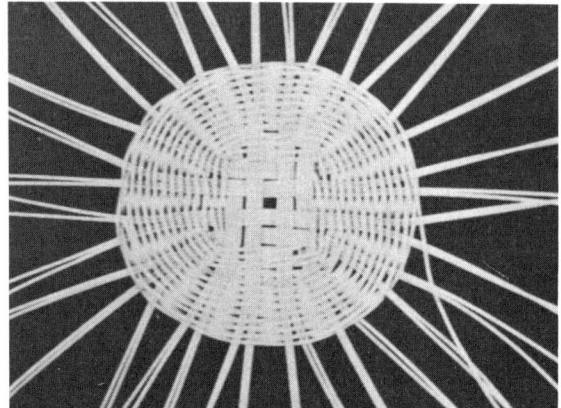

4. 2줄씩 날대를 같은 간격으로 하면서 약간 둥그스럼하게 막엮기를 한다.

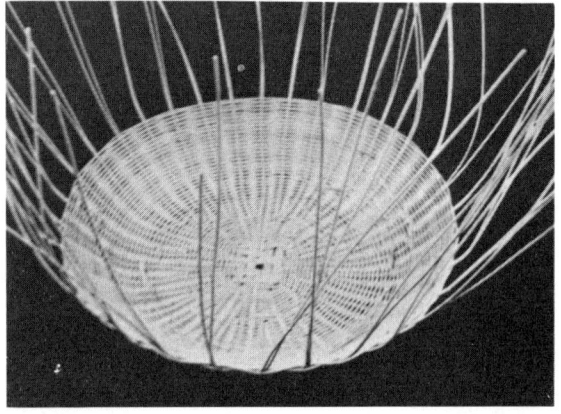

5. 엮는 시초부터 둥그스럼하게 되도록 주의하여 막엮는다. 깨끗한 구형이 되는 것은 어렵기 때문에 몇번이라도 연습하여 엮는다.

6. 26~28cm까지는 넓어지는 듯하게 엮어가다, 그 뒤부터는 반대로 안쪽으로 작아지도록 둥글게 엮어가 전체를 구형으로 한다.

7. 입구의 직경이 30cm 정도가 될 때까지 짠 다음, 2줄 꼬아엮기를 2바퀴한다. 그리고 5cm 정도 폭으로 2중 울타리 무늬를 넣고 2줄 꼬아엮기를 2바퀴한다(삽화 참조). 이때 직경은 22~24cm가 된다.

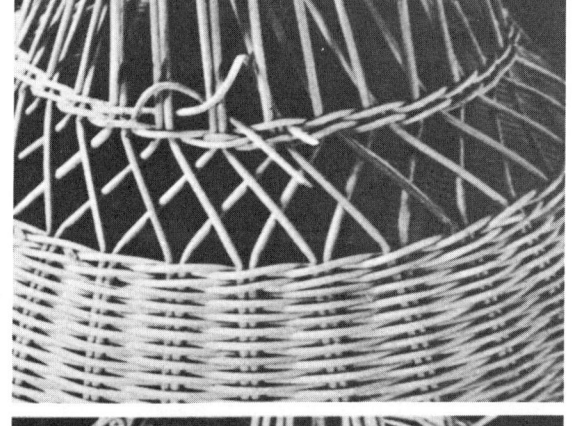

8. 2줄의 날대를, 다음 날대 2조를 건너뛰어 그 다음 날대 위에서 가운데로 넣어, 2줄 밖으로 젖혀 마무리한다.

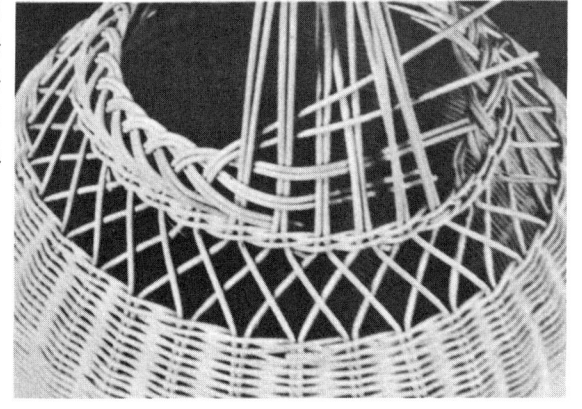

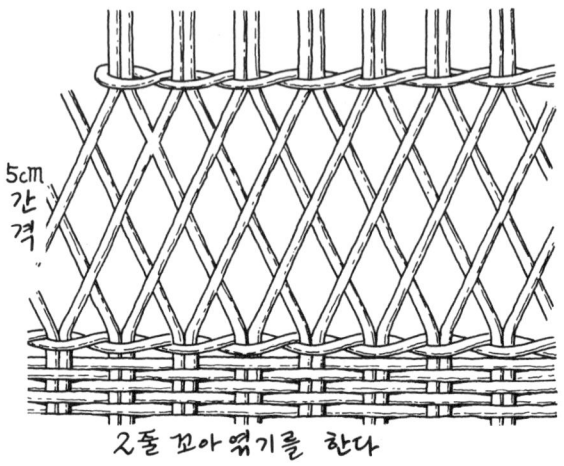

2줄 꼬아엮기를 한다

풍경형의 전등갓

풍경과 같은 모양을 한 전등갓. 좁은 부분의 피등과 울타리 무늬가 포인트. 발의 빈틈에서 빛이 새어나와 아름다움을 더해준다.

- 치　수…처음 직경 5cm의 통모양
  불룩한 부분의 직경 40cm
  높이 52cm
- 재　료…사릿대 $2\frac{3}{4}$ m/m의 환심

  날대 $3\frac{1}{2}$ m/m의 환심, 길이 80cm 22줄.

  기타 덧날대용으로 길이 60cm 24줄, 길이 20cm 46줄
- 포인트…처음 시작 날대를 2줄로 하여 2줄 꼬아엮기
  측면 피등으로 막엮기를 하고 울타리 무늬와 비침 무늬를 넣음
  테두리 2줄 밖으로 젖혀 마무리

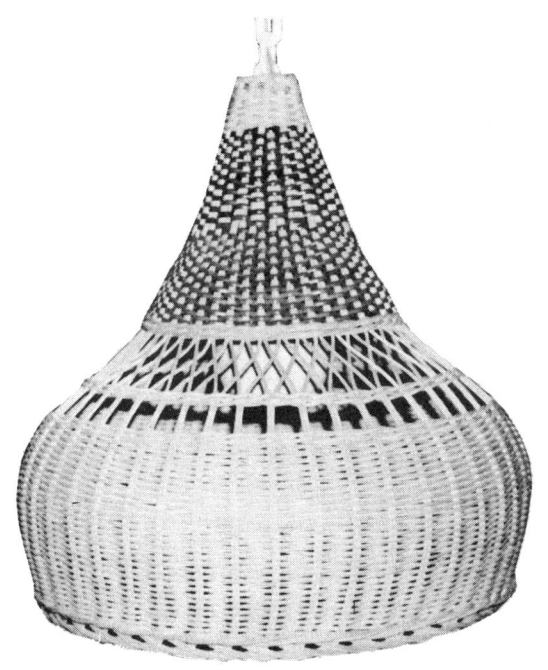

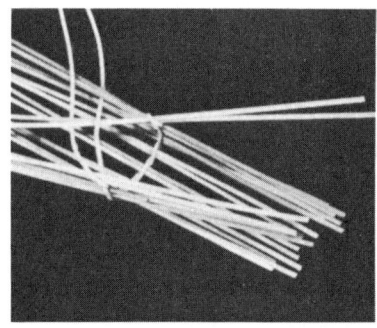 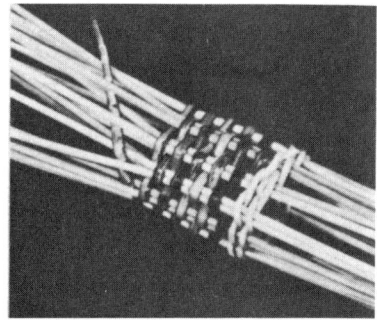

  1. 날대를 1cm 간격으로 2줄씩 한 다음 15cm 부분에서 2줄 꼬아엮기를 한다. 1단을 엮으면 통모양이 된다.

  2. 꼬아엮기를 2바퀴 한 다음, 피등을 사용하여 5cm 높이까지 막엮기를 한다. 그리고 덧날대를 1줄 더하여 앞, 뒤, 앞, 뒤로 약간 넓혀 가면서 폭 5cm까지 막엮기를 한다.

3. 각 날대에 길이 60cm의 덧날대를 1줄씩 꽂는다.

4. 날대를 2줄로 한 채 8cm 폭 만큼 약간 넓혀가면서 피등으로 막엮기를 한다. 그 다음은 $2\frac{3}{4}$ m / m의 사릿대로 3줄 꼬아엮기를 한다. 사진은 3줄 꼬아엮기를 시작하는 방법.

5. 3줄 꼬아엮기를 2바퀴 한다.

6. 3줄 꼬아엮는 부분에서 6cm의 간격을 띄워 울타리 무늬를 넣는다. 울타리 무늬는 날대를 교차시켜 2줄 꼬아엮기로 고정한다.

7. 울타리 무늬를 넣은 후 2줄 꼬아엮기를 2바퀴한다. 다음은 6cm 간격으로 띄워 날대는 1cm 간격으로 1줄씩 한다. 이 경우도 2줄 꼬아엮기로 고정시킨다.

8. 2줄 꼬아엮기를 2바퀴 한 후, 날대는 1줄로 한 채 막엮기를 한다. 이 경우 날대 숫자는 46줄이 되고, 2줄의 사릿대로 엮는다(다음 삽화 참조).

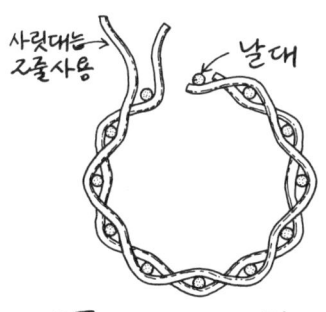 

9. 2줄 밖으로 젖혀 마무리하여 테두리를 하는데, 이때 날대가 1줄씩이기 때문에 길이 20cm의 덧날대를 1줄씩 더하여 마무리를 한다(삽화 참조).

136

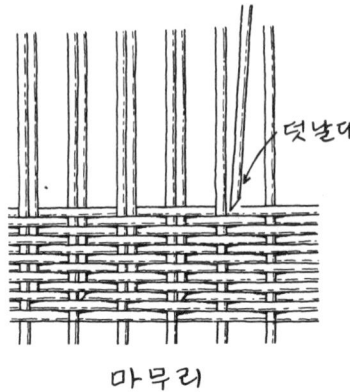

10. 1조의 날대를 2조의 날대를 건너 뛰어 그 다음 다음의 2조 날대 위에서 가운데로 넣는다. 사진은 2줄 밖으로 마무리 끝.

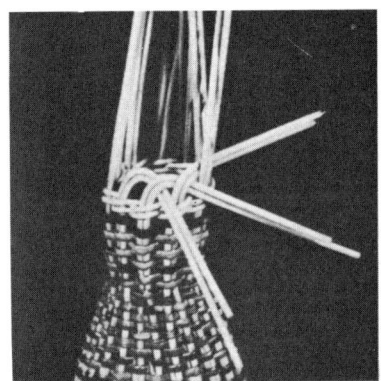
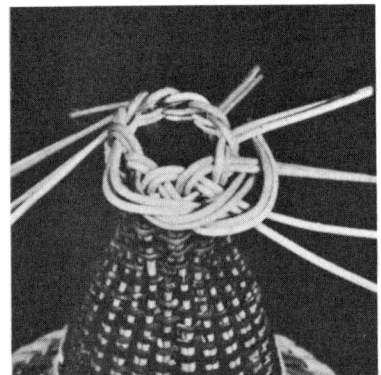

11. 처음 엮기 시작한 부분도 2줄 밖으로 젖혀 마무리를 한다.
12. 밖으로 젖힌 날대를 다시 한번 2개의 날대 위에서 아래로 넣는다. 소켓을 넣어 완성한다.

악어 모양 바구니

악어를 본뜬 바구니. 동물 형태를 한 등나무 작품은 백조, 개, 원숭이 등 여러가지가 있지만 이것도 그 일례이다. 환등의 성형(成型) 등 조금 어려운 기술도 있지만 완성하는 기쁨이 있는 작품이다.

- 치　수…전체 길이 75cm(각부 치수는 삽화 참조)
- 재　료…사릿대 $2\frac{3}{4}$ m/m의 환심

  날대 $2\frac{3}{4}$ m/m의 환심, 길이 80cm 9줄, 길이 16cm 8줄, 환등 8m/m, 길이 140cm 1줄, 60cm 1줄, 25cm 1줄(모두 골조에 사용함)
- 포인트…골조 치수대로 밑그림을 그리고, 환등으로 대체적인 골조를 만듦.

  동체(복부) 볼록하게 엮음

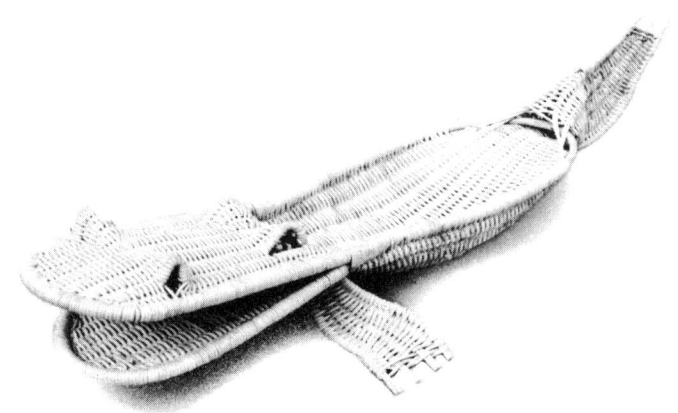

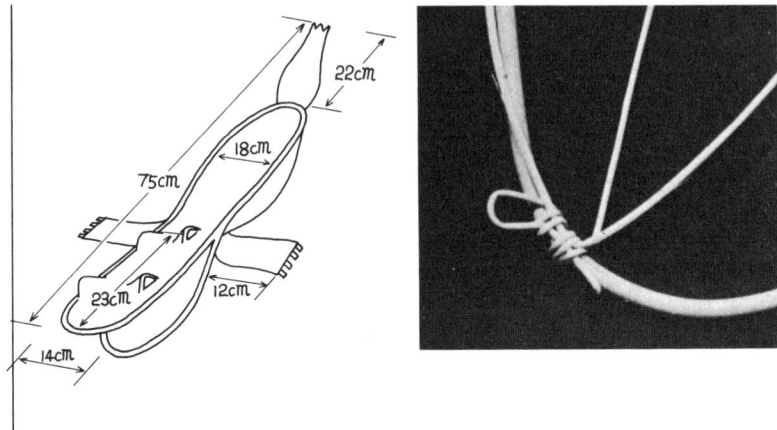

1. 머리 부분부터 엮기 시작한다. 우선, 환등(길이 140cm)을 중심에서부터 좌우 대칭으로 감고, 160cm의 날대를 반으로 접은 것을 사진과 같이 감아 붙인다(삽화 참조).

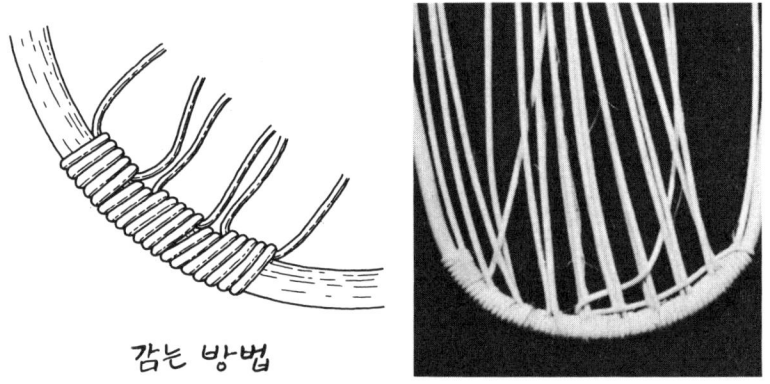

감는 방법

2. 9줄의 날대를 감은 다음, 날대를 그대로 왼쪽으로 놓는다. 처음 부분을 평평하게 하기 위하여 5번째 날대까지 되돌아엮기를 한다.

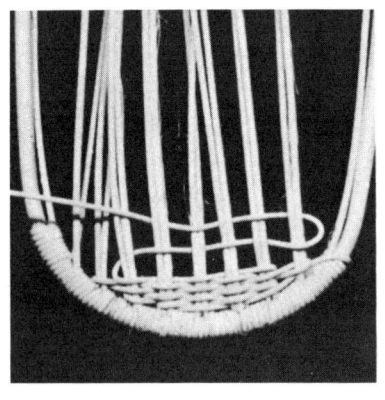 

3. 처음 엮기 시작한 부분과 평평히 될 때까지 되돌아엮기를 한다.

4. 좌우 날대의 3cm 부분까지 엮은 다음, 날대를 좌우 4조씩 나누어 오른쪽 4조의 날대를 되돌아엮기로 1단씩 떨어뜨리며 엮는다. 왼쪽 4조의 날대도 같이 엮는다. 이때 좌우 양끝의 날대에서 되돌아올 때 1회 감는다. 이것을 2회 반복한다.

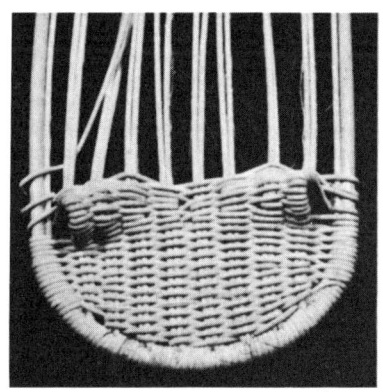 

5. 되돌아엮기로 많이 엮은 부분을 위로 부풀리게 하여 앞쪽으로 밀어 붙이고, 좌우 환등까지 왕복으로 엮는다. 이것을 좌우 같게 한다. 이 부분이 코가 된다.

6. 코 부분에서 7cm 정도 더 엮은 다음, 이번에는 눈 부분을 엮는다. 방법은 코 부분과 같이 우선 중앙 6조의 날대를 3조씩 나누고, 코와 같이 1단씩 빠뜨리며 되돌아 엮기를 한다. 왼쪽도 같이 6조의 좌우까지 2단 엮는다. 이것을 3회 반복한다.

 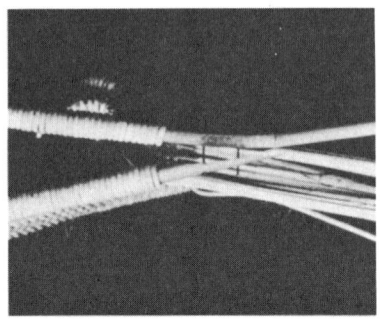

7. 그리고 좌우 환등과 1조씩의 날대를 사진과 같이 3cm 폭 만큼 엮는다. 이 경우 환등, 날대도 1회마다 1바퀴 감는다. 그리고 또, 코와 같이 눈 부분을 위로 부풀리게 하여 눈에서 2cm 폭으로 되돌아엮기를 한다.

8. 60cm 환등으로 사진 ①과 같은 요령으로 아래턱을 만든다. 이 경우 길이 160cm의 날대를 같게 아래턱으로 감고, 20cm 길이가 될 때까지 막엮기를 한다. 그리고 환등의 끝을 사진과 같이 자르고, 머리 부분에 못으로 고정한다.

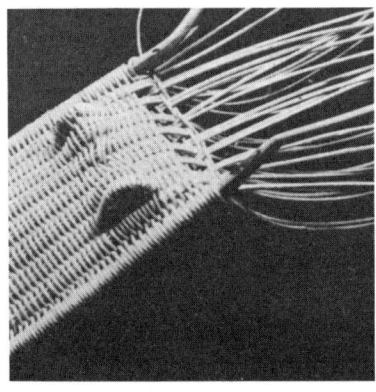 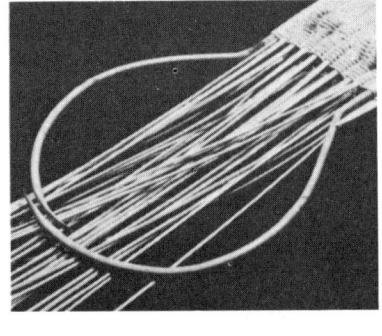

9. 머리 부분의 환등을 사진과 같이 구부려 끝을 잘라 칭이 지지 않도록 잇는다.

10. 아래턱을 엮은 부분은 그대로 두고, 머리 부분을 엮은 날대는 아래로 넣는다. 그리고 또 좌우 환등까지 되돌아엮기를 한다.

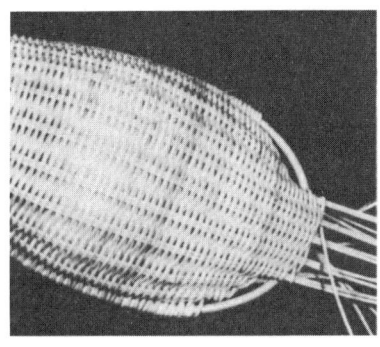 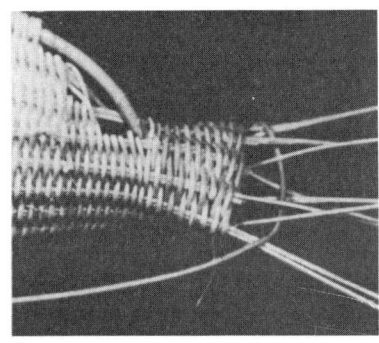

11. 배부분은 아래로 부풀리면서 엮는다. 날대의 길이가 5cm 정도 남을 때까지 엮고, 환등은 그대로 좌우 날대에서 되돌아엮는다. 4단 엮은 다음 좌우 1줄씩 날대를 빼며 3단 엮고, 중앙 5조의 날대는 환등의 아래로 넣는다.

12. 좌우 2조씩의 날대는 환등의 위를 지나게 하고, 중앙 5조의 날대와 함께 꼬리가 된다. 우선 5cm 정도 통모양으로 엮고, 2줄 날대의 1줄씩을 잘라 좌우를 합하여 2줄 날대로 한다. 그리고 그대로 10cm 엮어나가 2줄 꼬아엮기로 마무리한다.

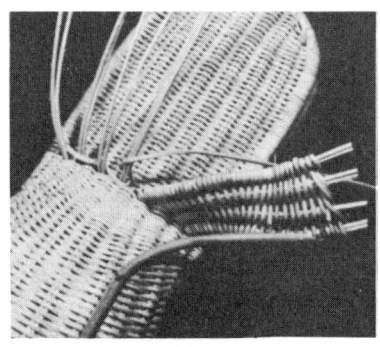

13. 마지막은 앞다리 부분. 사진 ⑩에서 아래로 낸 8줄의 날대를 4줄씩 나누어 좌우로 벌어지게 4줄씩 막엮기를 한다. 10cm까지 엮은 다음 2줄 꼬아엮기로 마무리하고, 끝을 깎아 정리한다. 양다리를 엮은 다음, 길이 25cm의 환등을 넣어 보강한다.

장식 거울

약간 타원형인 장식 거울. 집에 있는 거울에 등나무로 테두리 장식을 한 것이다. 그대로라면 찬 표정의 거울이 부드러운 느낌이 된다. 현관이나 배드룸 등의 인테리어에 적합하며, 모양을 변형하게 하거나, 착색하여 둔다.

- 치　수…바깥 직경 35cm, 안쪽 직경 23cm
  테두리 장식의 폭 6cm
- 재　료…사릿대 $2\frac{3}{4}$ m/m의 환등
  날대 $2\frac{3}{4}$ m/m의 환등, 길이 40cm 74줄
  거울 직경 약 30cm

● 포인트…측면 막엮기(2줄 모임)
   테두리 2줄 1줄 밖으로 젖혀 마무리하기
   손잡이 6줄 꼬임

1. 길이 40cm의 날대를 1.5cm 간격으로 2줄 날대로 하여, 중앙(20cm 부분)부터 2줄 꼬아엮기로 엮기 시작한다. 그리고 처음과 끝을 합하여 통모양형으로 한다. 2줄 꼬아엮기는 2바퀴 함.

2. 통모양으로 엮은 것을 평면 위에 놓고 막엮기를 한다. 이것을 5cm 폭까지 엮는다. 그리고 그 뒤 다시 2줄 꼬아엮기를 2바퀴한다.

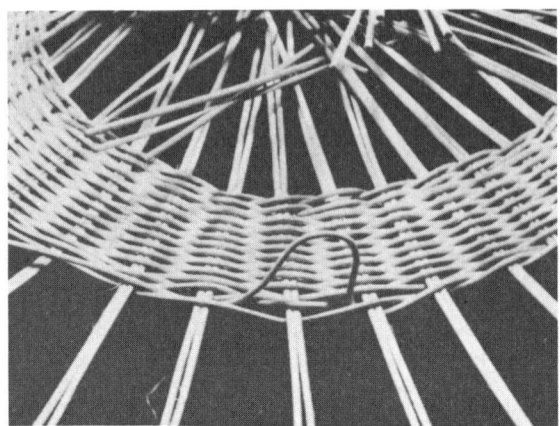

3. 2줄 꼬아엮기가 2바퀴째에 들어갈 때 1바퀴째의 사릿대 끝의 위로 감지 말고, 아래로 감아 꼬아엮기를 한다.

4. 다음에 테두리에 들어간다. 우선 바깥쪽으로 나와있는 날대를 안쪽으로 젖혀 앞으로 낸다. 안쪽에 나와있는 날대도 2줄 건너엮기로 안으로 젖혀 위로 낸다(삽화 참조).

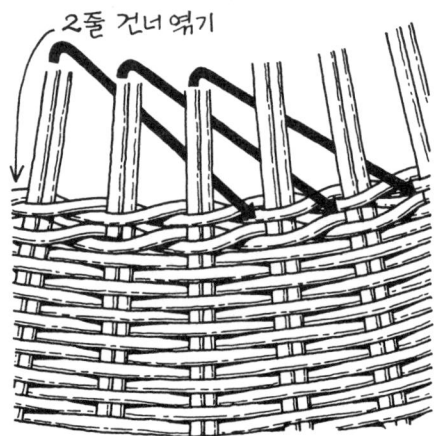

2줄 건너엮기

5. 위로 낸 날대는 2줄 건너뛰기로 반대쪽의 안으로 젖혀서 넣는다. 이렇게 하면 날대는 4줄씩 된다.

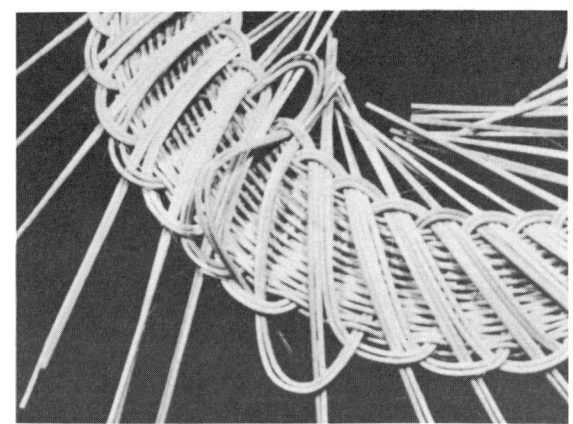

6. 안쪽으로 낸 날대를 2줄 1줄 안으로 젖혀 마무리한다. 이 면에 거울을 안쪽으로 넣고, 바깥쪽 날대를 거울의 안쪽 위로 씌워 막엮기를 한다.

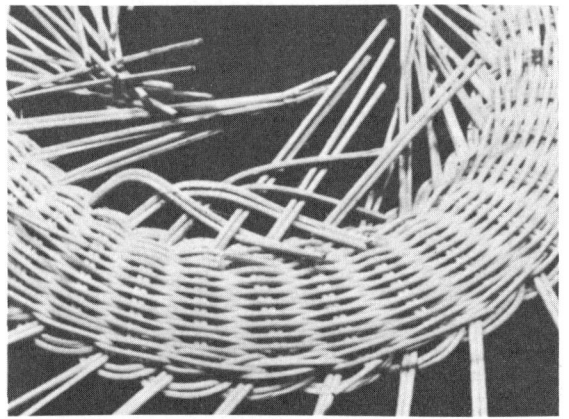

7. 거울을 고정시키면서 막엮기를 4cm 폭까지 엮고, 2줄 1줄 안으로 젖혀 마무리한다.

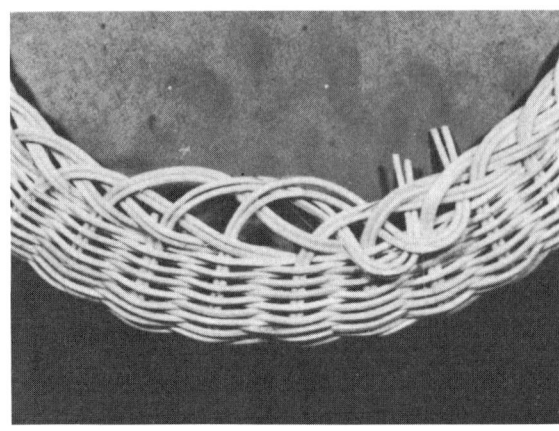

8. 2줄 1줄 안으로 젖혀 마무리. 이 다음 적당한 위치에 6줄의 꼬임줄로 손잡이를 달면 완성. 손잡이 길이는 10cm~15cm 정도임.

쓰레기통

심플한 원통형의 쓰레기통. 장식도 없이 언뜻 보기에는 쉬운 듯하지만 똑바로 깨끗이 엮는 것은 생각보다 어려워 이것이 포인

트가 된다. 테두리는 환등으로 형태를 만들고, 피등으로 감아 마무리한다.

- 치　수…바닥 직경 25cm
  높이 45cm
- 재　료…사릿대 $2\frac{3}{4}$ m/m의 환심

  날대 $3\frac{1}{2}$ m/m 환심, 길이 120cm 16줄, 길이 65cm 3줄, 60cm 35줄

  환등 8m/m, 길이 80cm를 2줄(골조)
- 포인트…바닥 井자 엮기(4줄 날대)
  몸통 막엮기

1. 날대를 4줄로 하여 井자로 바닥을 놓고 엮는다. 2줄 덧날대를 더하여 같은 방향으로 3바퀴 돈다. 4바퀴째가 되면 모든 날대를 2줄씩 나누어, 14바퀴째에는 1곳만 덧날대를 1줄 더하고, 막엮기를 하면서 날대를 1줄로 한다.

2. 직경 23cm가 될 때가지 막엮기를 한 다음, 3줄 꼬아엮기를 2바퀴 하여 직경 25cm가 되게 엮는다. 다음에 날대를 직각으로 깎기 위하여 뻰찌로 강하

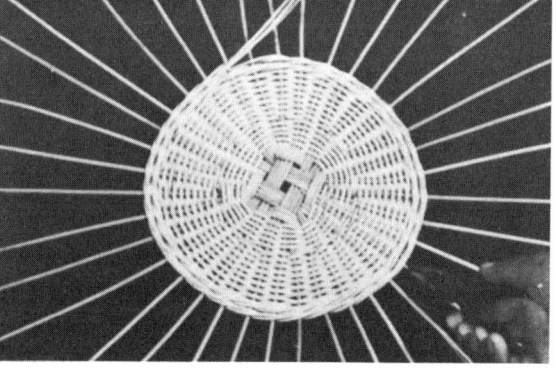

게 꽂아 구부리기 쉽게 한다.

3. 직각으로 세운 날대에 길이 60cm의 덧날대를 꽂아, 아래로 5cm 나오도록 하여 3줄 꼬아엮기의 사이에 꽂아넣는다.

4. 다음에 3줄 꼬아엮기를 4바퀴하고, 그 뒤 막엮기로 높이 43cm까지 똑바로 엮는다. 또 아래로 나온 날대는 1줄 밖으로 젖혀 마무리를 한다. 다음 2줄의 날대를 건너뛰어 앞으로 내고, 그 다음 2줄의 날대 위에서 가운데로 넣는다. 이것을 반복한다.

5. 길이 80cm의 환등 2줄을 바구니 상단의 바깥둘레 (바깥 둘레의 직경)와 안둘레(안쪽 직경)에 맞추어 구부린다. 환등을 3시간 정도 물에 담구어 두면 부드럽게 굽어진다. 끝부분은 사진과 같이

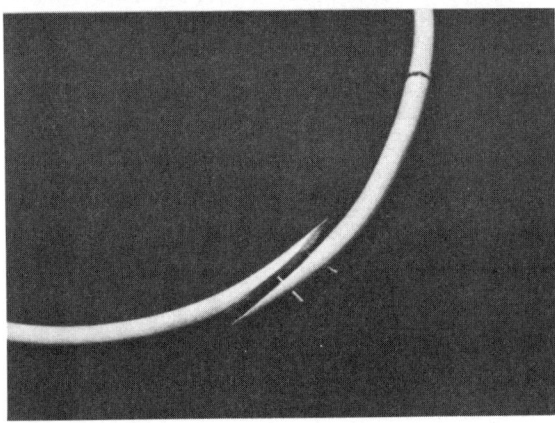

깎아 못으로 고정한다.

6. 환등을 안쪽에 넣고 바깥쪽에서 못(7.5m/m)으로 고정한다. 망치로 박을 때는 안쪽에 딱딱한 것을 대고 박으면 좋다.

7. 이번에는 바깥쪽 환등을 박는다. 못은 10m/m 정도의 것을 사용한다. 위로 나온 날대를 가위로 깨끗이 자른다.

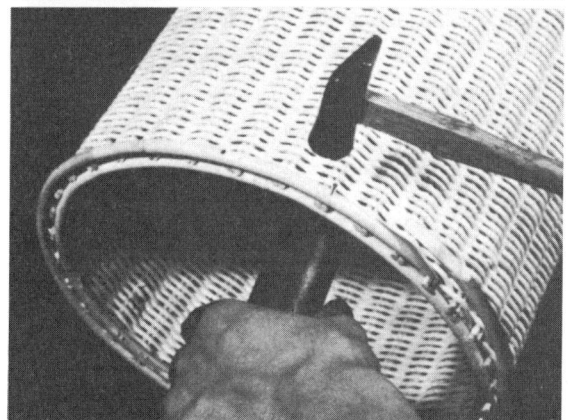

8. 다음에 피등을 준비하여 환등 위에서 감아간다. 틈이 없도록 한다.

9. 피등이 도중에 모자랄 때 잇는 법. 위로 나온 피등 끝을 아래쪽으로 감아 보이지 않게 한다.

10. 피등 마지막 부분은 미리 2바퀴 정도 느슨하게 감아 두고, 마지막 피등을 그 2줄로 넣어 1줄씩 힘을 넣어 잡아당겨 마무리한다.

포스터 스탠드

　복잡한 곡선을 이용한 포스터 스탠드. 포스터 외에 휴지통의 커버나 우산꽂이 등으로도 사용할 수 있다. 즉, 여기에서는 바닥을 엮지 않지만 붙여도 상관없다.
- 치　수…바닥 직경 28cm
　　　　개구부의 직경 34cm
　　　　높이 60cm

- 재   료…사릿대 $3\frac{1}{2}$m/m의 환심

  날대 $3\frac{1}{2}$m/m의 환심, 길이 130cm 16줄

  환등 5~8m/m, 100cm 1줄, 140cm 2줄

  그 외 피등(5m/m 폭), 반심(5m/m 폭)
- 포인트…몸통 3줄 꼬아엮기, 막엮기, 수유나무 엮기, 2줄 건너 막엮기

  테두리 환등 2줄에 사방짜기로 감기

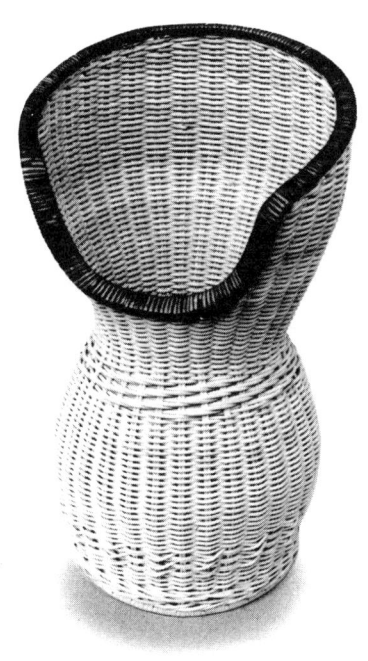

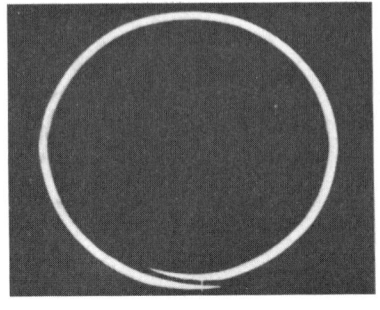
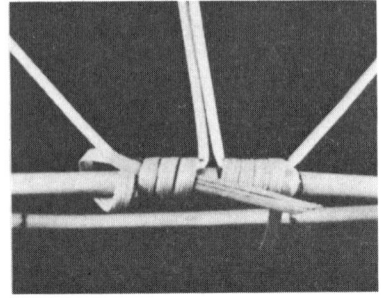

1. 길이 100cm의 환등을 직경 28cm의 원형으로 구부린다. 접합부는 사진과 같이 비스듬히 잘라 못으로 고정한다. 환등은 미리 하룻밤 정도 물에 담가두면 취급하기 쉽게 된다.
2. 길이 130cm의 날대를 반으로 접어 중앙 부분을 5cm 정도 감아둔다. 그리고 이 부분을 밑의 환등에 반심을 사용하여 감는다(삽화 참조).

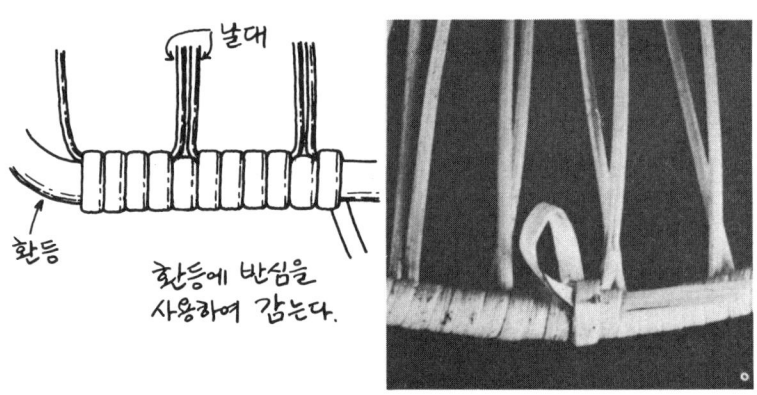

3. 다 감았으면 사진과 같이 마지막 부분을 못(9m/m)으로 고정한다. 날대는 이와 같이 2줄 날대가 된다.

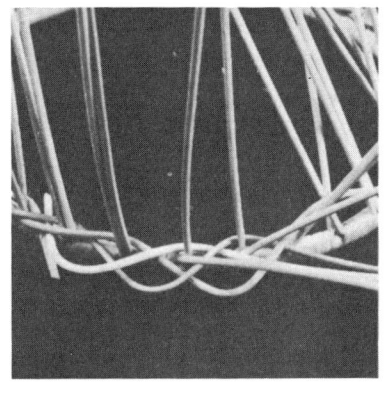 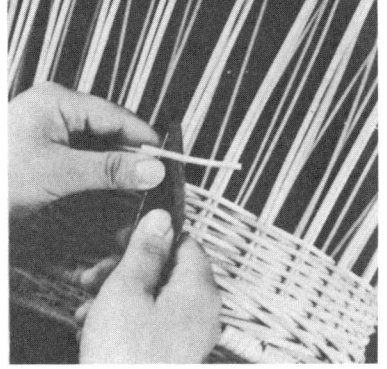

4. 사릿대는 $3\frac{1}{2}$ m/m의 환심을 사용하여 우선 3줄 꼬아엮기를 3바퀴 한다.

5. 3줄 꼬아엮기를 3바퀴한 다음, 다음은 폭 3cm 만큼 막엮기를 한다. 즉 사릿대를 이을 때는 사진과 같이 끝을 작은칼로 비스듬하게 깎아 잇는다.

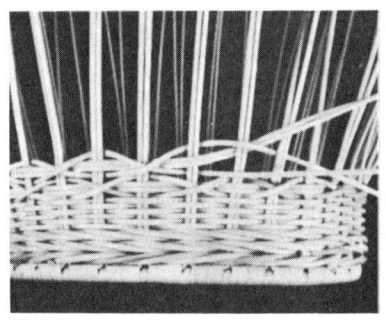 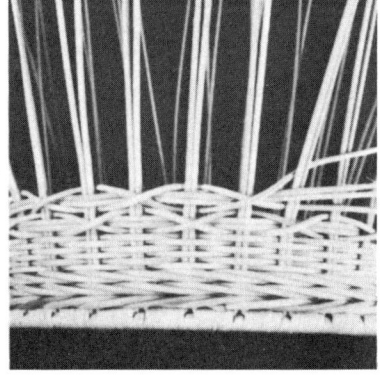

6. 막엮기가 끝나면 사릿대를 4줄 사용하여 수유나무 엮기를 한다. 2줄의 사릿대는 막엮기와 같이 엮고, 1줄씩 사릿대와 날대를 엮어간다.

7. 2줄의 사릿대가 날대 위를 지날 때는 1줄씩 된 사릿대는 날대 밑을 통과한다. 수유나무 엮기를 3바퀴 넣는다.

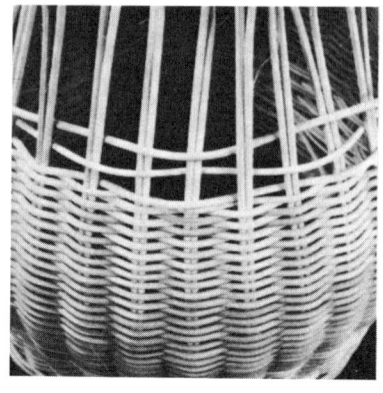 

8. 수유나무엮기를 한 뒤 폭 15cm로 막엮기를 한다. 이때 서서히 안쪽으로 오무려 중앙 부분이 잘록하게 한다. 그리고 2줄 건너 막엮기를 3단 엮는다(다음 삽화 참조).

9. 2줄 건너 막엮기를 한 다음, 직경 약 20cm 폭까지 좁혀 엮은 후 다시 넓어지게 막엮기로 엮는다.

 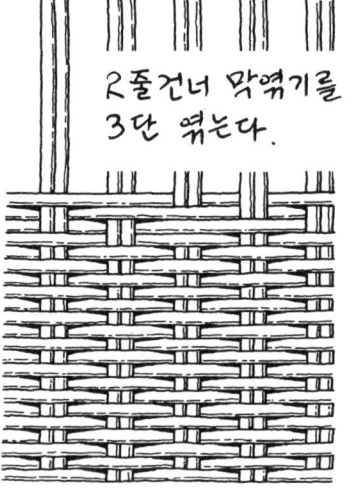

2줄건너 막엮기를 3단 엮는다.

10. 막엮기를 8cm 폭까지 엮은 다음 5조의 날대를 남기고 나머지 날대를 사용하여 되돌아엮기를 폭 12cm까지 엮는다. 그리고 1조씩 날대를 빼면서 되돌아엮기를 한다(삽화 참조). 다음에 틀에 맞추어 140cm 길이의 환등을 못으로 고정한다.

 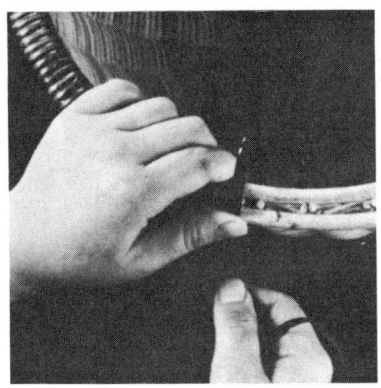

11. 안쪽과 바깥쪽에 1줄씩 환등을 대고 못으로 고정한 다음, 날대를 피등에 맞추어 자른다. 그리고 피등을 사용하여 감는다. 감는 것은 사진과 같이 피등을 감는다. 착색한 피등을 사용하면 악센트가 된다.

12. 피등을 감는 법은 왼손 엄지손가락으로 누르면서 감으면 깨끗이 된다. 날대와 날대 사이도 1회 감기를 한다. 사방엮기로 감은 뒤 마지막은 못으로 고정한다.

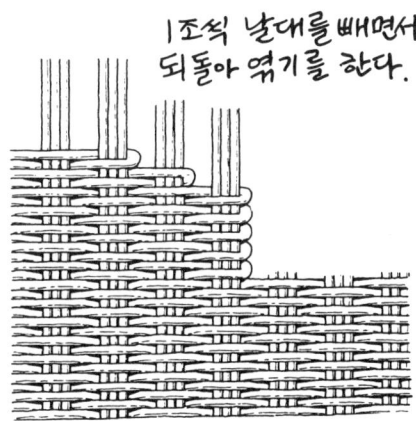

1조씩 날대를 빼면서 되돌아 엮기를 한다.

곤돌라형의 바구니

큰 손잡이가 달린 곤돌라형의 바구니. 클래식한 디자인이다. 바닥은 소반형임. 과일이나 장난감, 모사(毛絲) 등 작은 물건을 넣는 것으로 좋다.

- 치 수…바닥 짧은 변 : 28cm, 긴변 : 38cm
  높이 10cm(손잡이 부분은 높이 22cm)
- 재 료…사릿대 $3\frac{1}{2}$ m/m의 환심

  날대 $3\frac{1}{2}$ m/m의 환심, 길이 120cm 36줄, 덧대용으로서, 길이 40cm 36줄

  환등(굵기 8~10m/m) 길이 80cm 1줄
- 포인트…바닥 2줄 꼬아엮기의 소반바닥

  측면 3줄 꼬아엮기를 한 후 막엮기

  테두리 전복무늬 마무리

  손잡이 환등과 환심을 사용한 평엮기

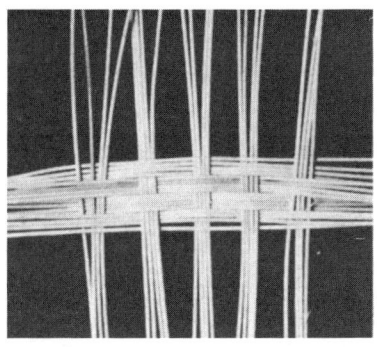 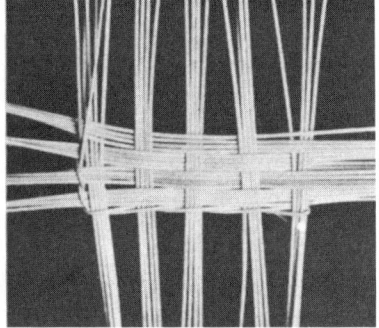

1. 길이 120cm의 날대를 4줄씩 1조로 하여 사진과 같이 엮는다.
2. 2줄 꼬아엮기로 날대 4줄인 채로 엮기 시작한다.

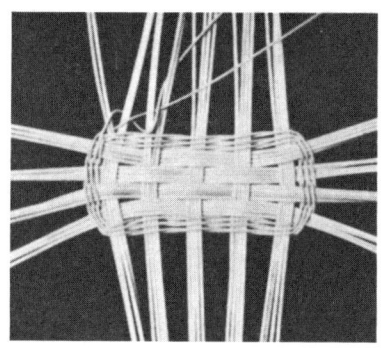 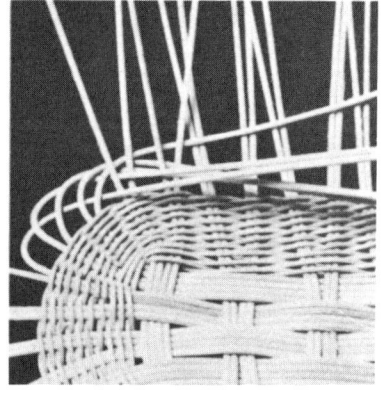

3. 2줄 꼬아엮기로 4바퀴째 날대를 2줄로 나누어 긴 변 38cm, 짧은 변 28cm의 크기가 될 때까지 2줄 꼬아 엮기로 엮는다.
4. 날대를 1줄씩 4줄 건너 안으로 젖히기로 꺾어 세워 엮기 시작한다. 3줄 꼬아엮기를 2바퀴하고(날대를 45°로 벌린다), 덧대를 2줄 날대 사이로 꽂아놓아 아래로 15cm 낸다.

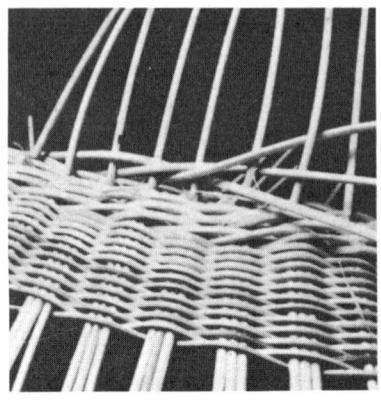 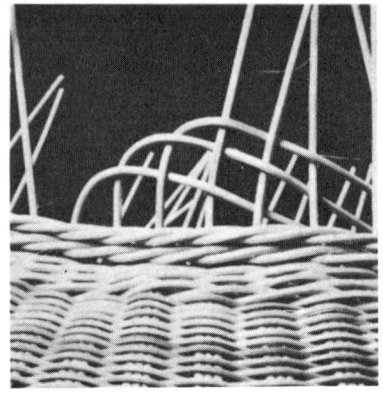

5. 3줄 꼬아엮기를 3바퀴하고 나서 막엮기를 폭 7cm가 될 때까지 엮는다. 4에서 아래로 15cm 낸 날대를 3줄 꼬아엮기로 엮는다.

6. 3줄 꼬아엮기를 2바퀴하고, 1줄 젖히기로 안으로 젖혀 가운데로 넣고, 밖으로 젖히기로 앞쪽으로 내고, 다시 1번 안으로 젖히기로 가운데로 넣어 마무리한다.

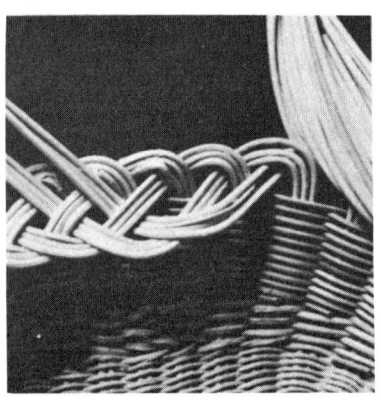 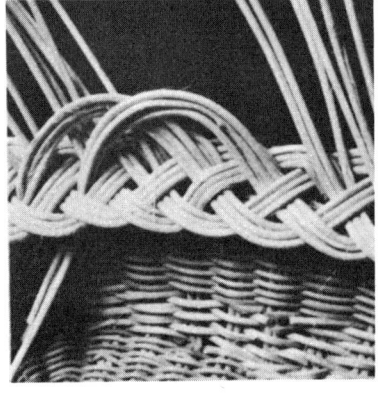

7. 테두리는 3줄 날대를 안으로 젖혀 가운데로 넣고, 3조째를 젖힌 다음 1조째가 3조째를 건너뛰어 다시 한번 위로 낸다.

8. 위로 낸 날대를 이번에는 오른쪽 3조째를 따라 꽂아넣는다.

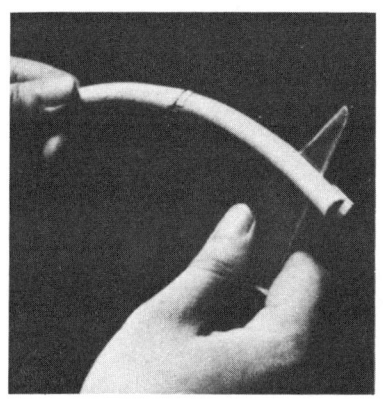 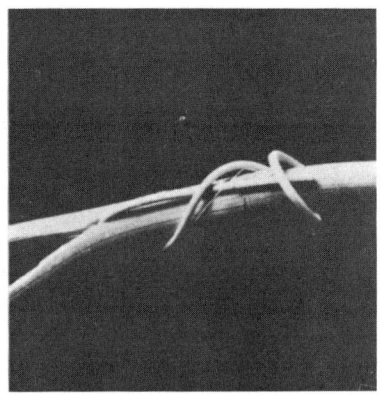

9. 길이 80cm의 환등 양 사이드에 길이 25cm 정도 둘로 나눈다.
10. $3\frac{1}{2}$ m / m 환등을 둘로 나눈 부분에 사진과 같이 감는다.

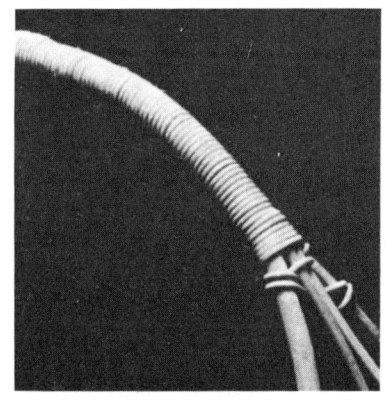 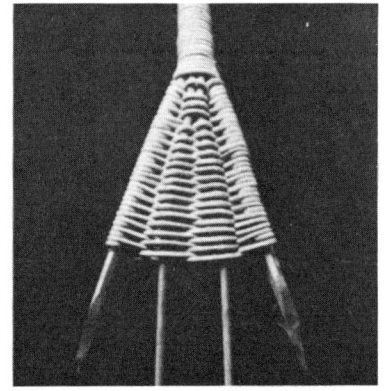

11. 나눈 사이에 $3\frac{1}{2}$ m / m 환심을 2줄 넣고, 날대로 하여 평엮기를 한다.
12. 폭 15cm까지 이와 같이 평엮기를 한다. 또 한쪽에도 같게 만든다.

13. 환등 끝을 잘라 테두리 사이에 꽂아넣어 못으로 고정한다. 손잡이를 엮은 환심도 꽂아넣는다.

쇼핑 바구니

피등을 뱀무늬로 감은 손잡이가 포인트인 바구니. 바닥은 각형. 테두리에는 보강을 위해 환등이 넣어져 있다. 무거운 것을 넣어도 되는 쇼핑 바구니로서, 다름다움과 실용성도 함께 갖고 있다.

- 치　수…바닥 20cm×35cm의 직사각형
  높이 30cm(손잡이 높이 15cm)
- 재　료…사릿대 $2\frac{3}{4}$ m/m의 환심

  날대 $2\frac{3}{4}$ m/m의 환심, 길이 80cm 30줄

  손잡이 5~6m/m의 환등, 길이 60cm 2줄

  테두리의 보강 5~6m/m 환등, 150cm 1줄
- 포인트…바닥 평엮기(날대 2줄 건너기)

  몸체 2줄 꼬아엮기를 한 뒤, 3줄꼬아엮기를 넣어 막엮기

  손잡이 뱀무늬 감기

161

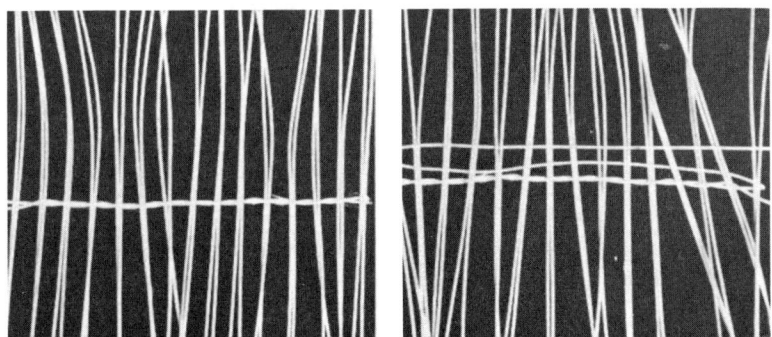

  1. 길이 80cm의 날대를 2cm 간격으로 놓고, 밑에서 30cm의 위치에서 2줄 꼬아엮기를 한다.
  2. 오른쪽으로 나온 2줄의 사릿대 가운데 1줄은 사진과 같이 되돌아엮어 왼쪽으로 낸다. 다음 사릿대를 왼쪽으로 15cm 내고, 막엮기를 하여 오른쪽으로 15cm 낸다.

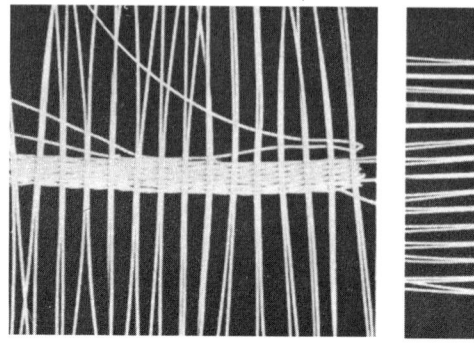 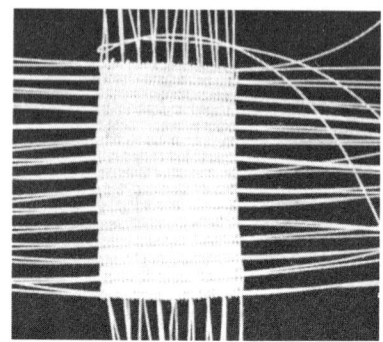

3. 와인 바스켓과 같은 요령으로 7단째에 좌우로 15cm씩 2줄 옆면을 꺾기 위한 날대를 내어둔다.

4. 19cm×34cm의 직사각형이 될 때까지 막엮기로 엮고, 그 뒤는 2줄 꼬아엮기를 1바퀴 돌린다.

 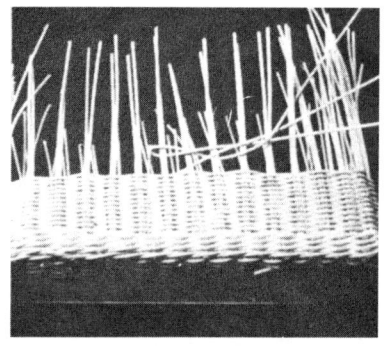

5. 날대를 직각으로 꺾듯이 하여 3줄 꼬아엮기를 한다.
6. 측면은 3줄 꼬아엮기를 4바퀴 돌리고 그 뒤는 막엮기는 함.

 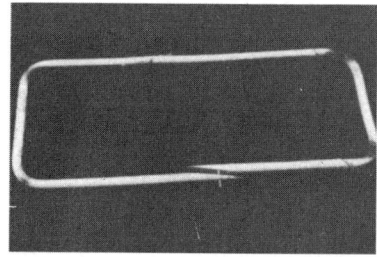

7. 높이 13cm까지 막엮기로 엮은 다음 다시 3줄 꼬아엮기를 2바퀴한다.

8. 길이 150cm의 환등을 바구니 테두리에 맞추어 사진과 같이 4각(약 19cm×34c m)으로 구부린다. 우선 구부린 부분의 위치를 표시하고 가스 버너로 그을려 손으로 힘을 가하여 구부린다. 다음은 사진과 같이 비스듬히 깎고 못으로 고정시킨다.

9. 날대 안쪽에 피등을 넣어 못(길이 7.5m / m)으로 날대를 1줄씩 고정시킨다.

10. 못으로 고정시킨 2줄의 날대 오른쪽을 각기 1줄씩 자르고, 왼쪽 날대는 오른쪽으로 다음 날대를 2줄 건너 젖히기를 한다. 이것을 반복한다.

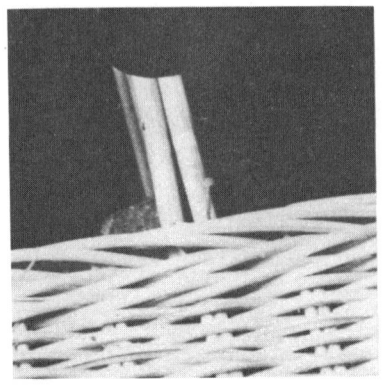
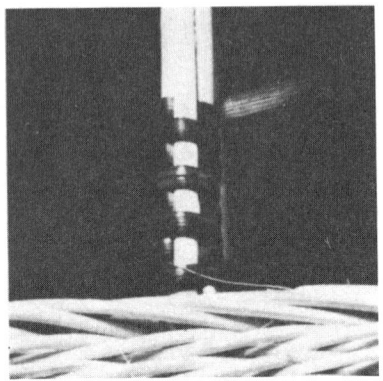

11. 길이 60cm의 환등 2줄을 U자형으로 구부려 2줄을 겹쳐 못으로 고정한다. 끝은 작은칼로 사선으로 깎아 바구니 중앙 부분의 테두리를 조금 넓혀 꽂는다. 그곳을 못으로 고정한다.
12. 손잡이 환등을 피등으로 2번 감는다.

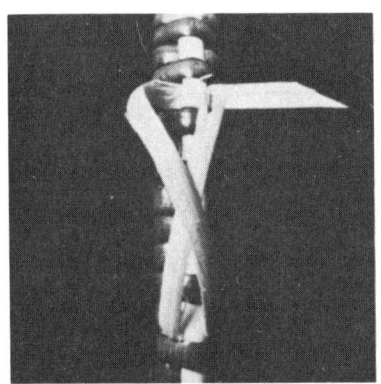

13. 손잡이 중앙 부분에 뱀무늬 감기를 한다. 우선 피등을 꽂아넣고 5단째에 다시 한번 꽂아넣어 사진과 같이 8자를 만든다.
14. 처음 8자와 같은 것을 5번 감는다.

15. 마지막 피등의 나머지를 가위로 자르면 된다.

숄더 백

곡선을 살린 아름다운 형태의 숄더 백. 테두리에 사용한 피등과 6줄로 엮은 어깨끈이 디자인의 악센트가 된다. 봄이나 여름에 시원한 느낌을 주는 백이다.

- 치　수…바닥 32cm×12cm의 장방형
  중앙부 높이 34cm
  측면부 높이 27cm
  어깨끈 길이 115cm
- 재　료…사릿대 $2\frac{1}{2}$ m/m의 환심
  날대 $2\frac{1}{2}$ m/m의 환심, 길이 120cm 36줄
  어깨끈 피등
  장식 매듭 $3\frac{1}{2}$ m/m의 환심
  테두리 보강 5~6m/m의 환등, 길이 100cm
- 포인트…바닥 평엮기(날대 2줄 건너기)
  측면 3줄 꼬아엮기로 올라가서 막엮기. 도중에 깃털 엮기가 장식으로 들어감
  테두리 환등을 따라 피등의 井자 엮기
  어깨끈 피등으로 6줄 끈엮기

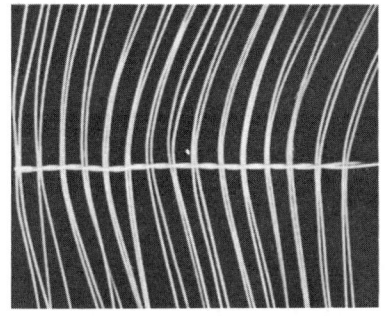

1. 길이 120cm의 날대를 50cm 정도에서 2줄씩 1.5cm 간격으로 2줄 꼬아엮기를 한다.
2. 밑으로 나온 1줄은 그대로 오른쪽으로 낸다. 나머지 1줄은 되돌아엮기로 막엮어 왼쪽으로 낸다.

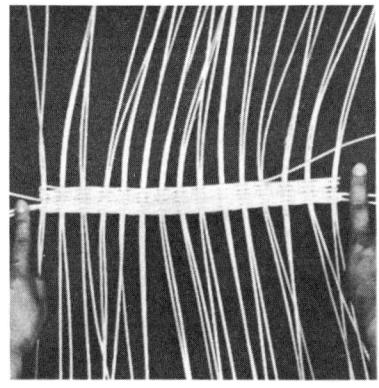
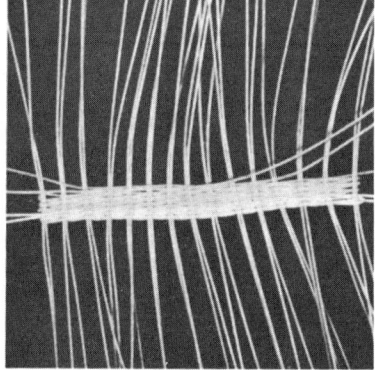

3. 다음 사릿대도 왼쪽으로 20cm 내고, 막엮기를 하여 오른쪽으로 낸다.
4. 7단째에는 좌우로 45cm씩 사릿대를 내어둔다.

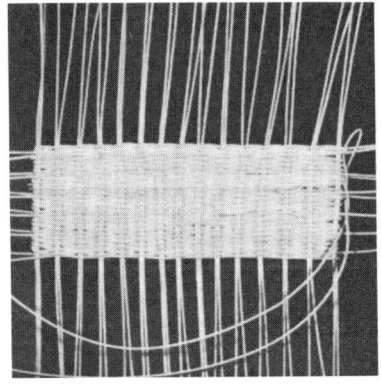 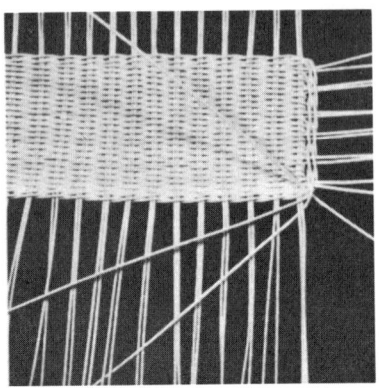

5. 30×10cm의 크기까지 평엮기를 하고 바깥 테두리에 2줄 꼬아엮기를 넣는다.

6. 2줄 꼬아엮기를 하는 도중 네 귀퉁이에는 사진과 같이 덧대를 넣는다.

7. 직각으로 올라가 3줄 꼬아엮기를 4바퀴 돈다. 조금씩 넓어지면서 막엮기를 1~2cm 넣는다.

8. 다음에 깃털엮기를 3단 넣는다. 사진과 같이 사릿대를 2줄씩 3조를, 맨 안쪽 1조의 사릿대를 나머지 2조의 사릿대 사이의 가운데로 넣는다.

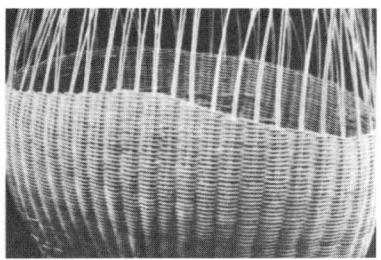

9. 3단 엮은 다음 최후 1조(2줄)의 사릿대를 꺾고, 나머지 2조의 사릿대를 사용하여 2줄 꼬아엮기를 1바퀴 돌린다.

10. 전체적으로 둥그스럼하게 2줄의 사릿대로 막엮기를 하여 높이 24cm까지 엮은 다음 1단씩 빼면서 되돌아엮기를 한다(삽화 참조).

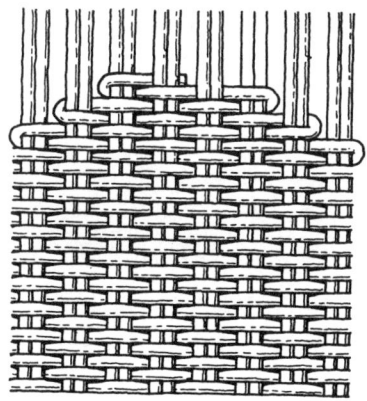

11. 도중에 막엮기를 4바퀴 넣고 다시 되돌아엮기를 한다. 그리고 3줄 꼬아엮기를 2바퀴 하고, 1줄 1줄 밖으로 젖혀 마무리로 테두리를 엮는다.

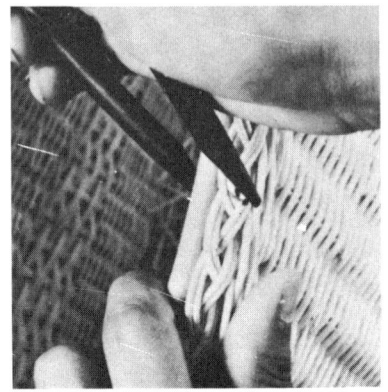

12. 테두리를 보강하기 위하여 길이 100cm의 환등을 안쪽에 대고 못 (7.5m/m)으로 고정한다. 피등을 물에 담가 부드럽게 해두면 좋다.

13. 환등을 넣은 테두리를 피등으로 井자엮기로 장식하며 엮는다. 이것으로 본체가 완성된다.

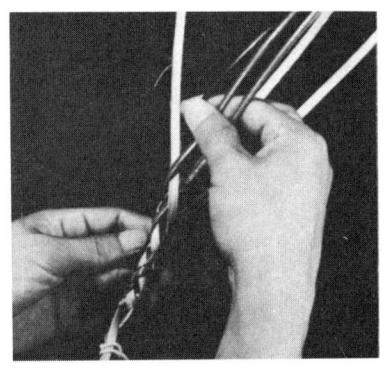
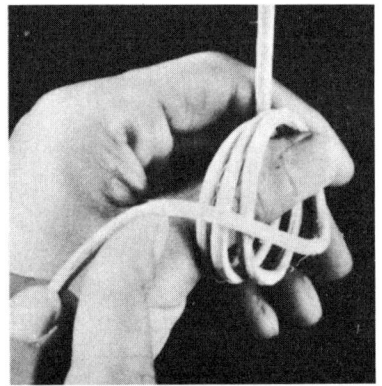

14. 어깨끈을 엮는 법은 우선 굵기 5m/m 정도 굵기의 나무를 준비하고, 피등 6줄을 3줄씩 나눈다. 그 나무를 돌리듯이 하여 왼쪽 3줄에 오른쪽 3줄을 1줄씩 서로 통하게 한다.

15. 장식 옥매듭은 $3\frac{1}{2}$의 환심을 사용하여 직경 2cm 원을 3개 만들어 사진과 같이 옆에서 쥔다.

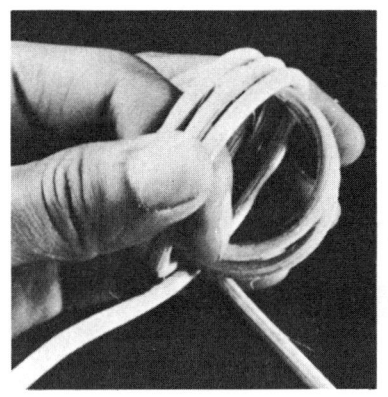 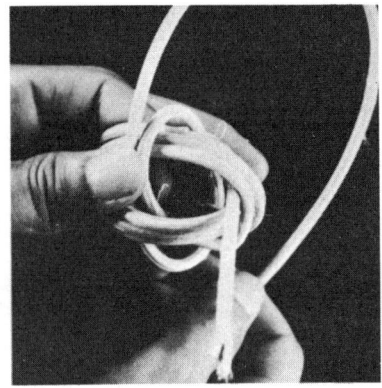

16. 처음 세개의 원과 교차하여 같은 3줄의 환을 만든다.

17. 3줄씩 된 원을 묶듯이 다시 한번 3바퀴 돌린다. 이것을 2개 만들어 백 양면 상부에 붙인다.

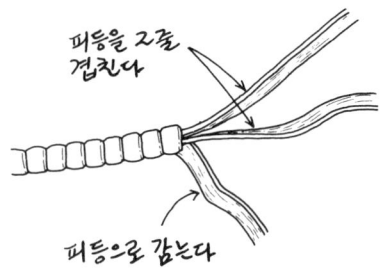

18. 끈은 삽화와 같이 피등을 2개 겹쳐 같은 피등으로 감아 만든다. 장식 매듭 옆에 안으로 통하게 하여 매듭진다.

172

중·상급편

환심을 사용하여 엮는 법에 숙달되면 본격적으로 민등을 사용한 가구류에 도전한다. 여러 어려운 점도 있지만, 피등을 취급할 수 있게 됨에 따라 스스로 디자인을 하면서 만들 수 있게 된다.

환등의 벽장식

등나무만의 곡선미를 살린 벽장식. 전체 형태는 비파나무 형태이다. 벽에 걸어 편지꽂이로 사용하면 좋다.
- 치 수…폭 40cm 높이 78cm
- 재 료…환등(굵기 10~12m/m) : 길이 230cm 1줄, 140cm 1줄
  환등(굵기 6~8m/m) : 길이 100cm 2줄
  사릿대 5m/m 폭의 반심
  날대 $2\frac{3}{4}$ m/m의 환심

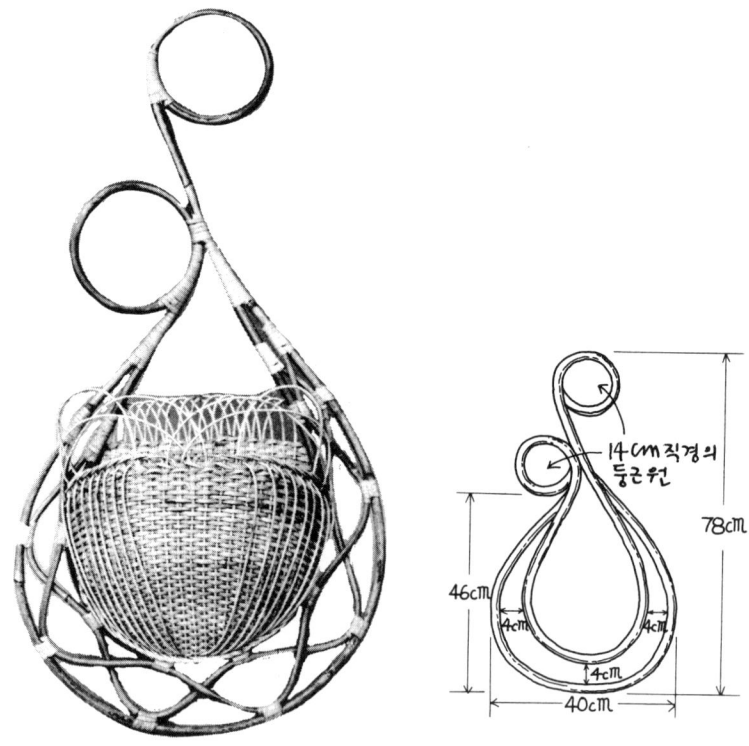

● 포인트…환등을 깨끗이 구부리는 것이 포인트. 중앙 부분은 반심의 부풀려엮기.

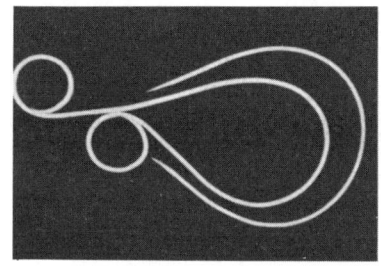 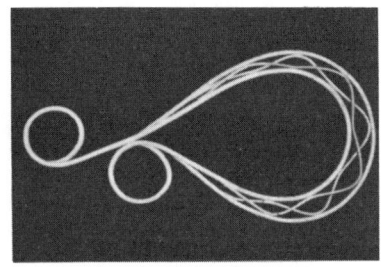

1. 길이 230cm, 140cm의 환등을 사진과 같은 형으로 만든다(하룻밤 정도 물에 담구어 두면 세공이 쉽다). 위의 구부리는 부분은 가스 버너로 한다.
2. 가는 환등 100cm를 사진과 같이 파도 모양으로 구부리면서 굵은 환등 2줄 사이에 넣는다.

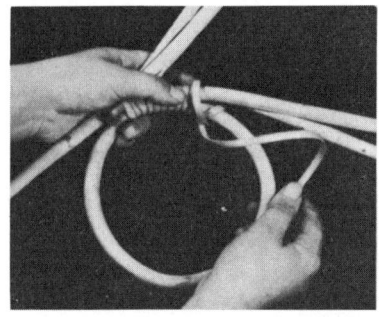 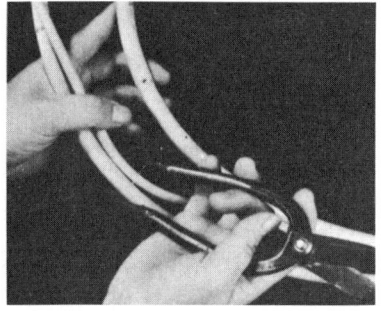

3. 파도모양(파형)으로 구부린 환등을 붙이는 법은 못을 뻰찌로 사진과 같이 꽂아넣는다.
4. 환등의 접합 부분을 반심(피등을 사용해도 좋다)으로 감는다.

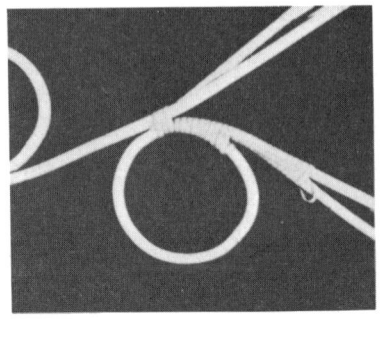 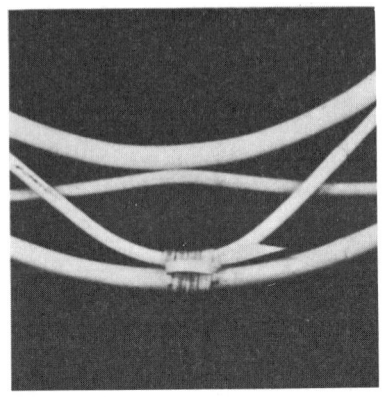

5. 위의 둥근 부분에서 시작하여 환등과 환등의 접합 부분을 모두 감는다.
6. 파형으로 구부린 환등과 굵은 환등의 접합 부분은 사진과 같이 감는다.

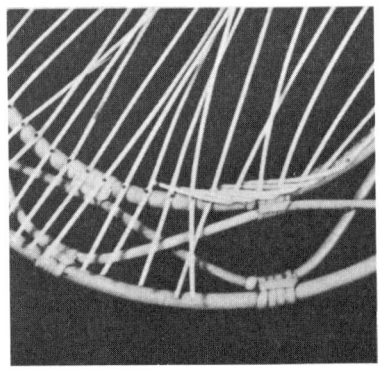 

7. $2\frac{3}{4}$ m/m의 환심을 길이 45cm로 잘라 뒷부분의 날대로서 사용한다. 사진과 같이 아래로 5cm 정도 내고, 1줄 날대를 1cm 간격으로 못으로 고정한다. 그리고 아래로 낸 환심을 왼쪽으로 2줄 건너 엮는다.
8. 반심을 사용하여 뒷부분을 되돌아엮기로 한다.

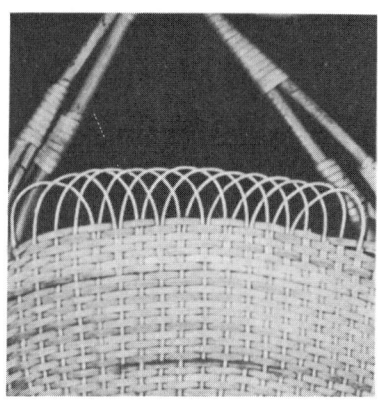 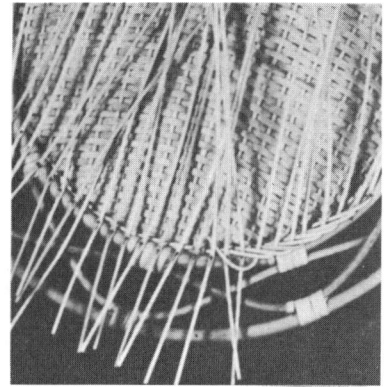

9. 높이가 25cm가 될 때까지 평엮기를 하고, 테두리는 국화꽃 테두리로 마무리한다.

10. 다음에 날대를 길이 60cm로 잘라 8과 같이 아래로 5cm 내어 1cm 간격으로 못으로 고정시킨다. 아래로 나온 환심은 왼쪽으로 2줄 건너뛰기로 가운데에 넣는다.

11. 높이 21cm까지 되돌아 평엮기를 하고, 그 뒤는 반심을 사용하여 2줄 꼬아엮기를 2단 엮는다.

12. 테두리 마무리는 날대 중앙을 경계로 하여 오른쪽 날대는 2줄 건너뛰기로 밖으로 젖혀서 오른쪽으로 젖히고, 왼쪽 날대는 왼쪽으로 젖힌다.

13. 좌우 3줄씩 날대를 남겨서, 밖으로 젖히기로 한 날대는 그대로 아래로 되돌려 가장 아래쪽으로 꽂아넣는다.
14. 좌우 3줄씩 날대는 이와 같이 중앙으로 되돌려 꽂아 마무리한다.

테이블 바스켓

민등의 다리가 붙은 장방형의 바구니. 심플한 바구니의 형과, 곡선을 살린 다리의 구조가 디자인의 포인트다. 착색한 민등이 악센트가 된다. 과일이나 팬 등을 넣는 테이블 바스켓으로서, 또 좀 작은 물건을 넣을 수도 있다.

- 치　수…바구니 바닥 25cm×36cm의 장방형
  바구니 높이 10cm
  다리 폭 41cm
  다리 높이 25cm
- 재　료…사릿대 $2\frac{1}{2}$ m/m의 환심
  날대 $2\frac{1}{2}$ m/m의 환심, 길이 75cm 36줄
  다리 10~12m/m의 유민, 길이 220cm 1줄, 40cm 2줄, 25cm 2줄, 피등 몇 줄

- 포인트…바닥 평엮기
  바구니 측면 3줄 꼬아엮기, 막엮기
  바구니 테두리 3줄 젖히기

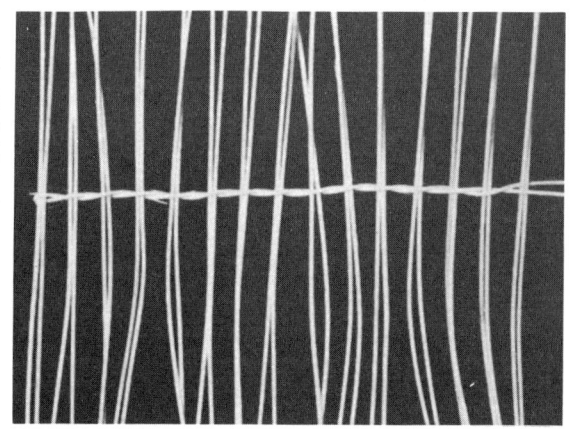

1. 길이 75cm의 날대를 2cm 간격으로 2줄씩 놓고 밑에서 25cm 위치에 표시한다. 그 위치에 2줄 꼬아엮기를 한다.

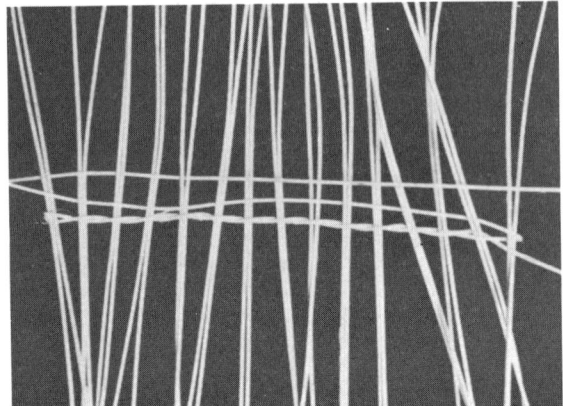

2. 오른쪽으로 나온 2줄의 날대가 운데 1줄은 사진과 같이 되돌려서 왼쪽으로 낸다. 다음 사릿대를 왼쪽으로 15cm 내고, 막엮기를 하여 오른쪽으로도 15cm 낸다.

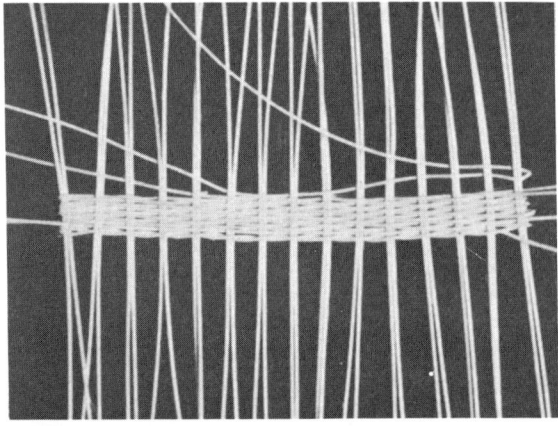

3. 와인 바스켓과 같은 요령으로 6단마다 좌우 15cm씩 2줄 내어 측면의 날대가 되도록 사릿대를 내어둔다.

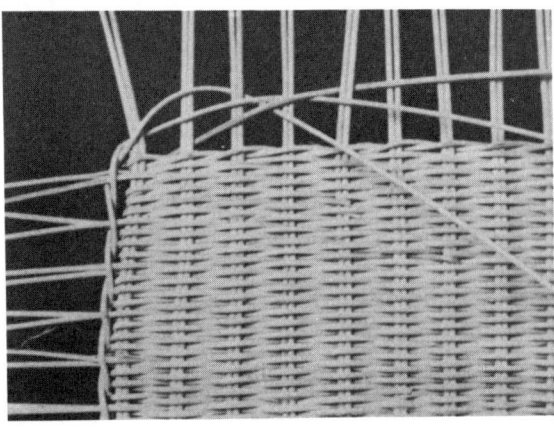

4. 24×35cm의 장방형이 될 때까지 막엮기를 하고, 2줄 꼬아엮기를 1바퀴 넣고 직각으로 세운다. 그 다음 3줄 꼬아엮기를 3바퀴한다.

5. 높이 9cm가 될 때까지 막엮기를 한 뒤 3줄 꼬아엮기를 1바퀴 한다.

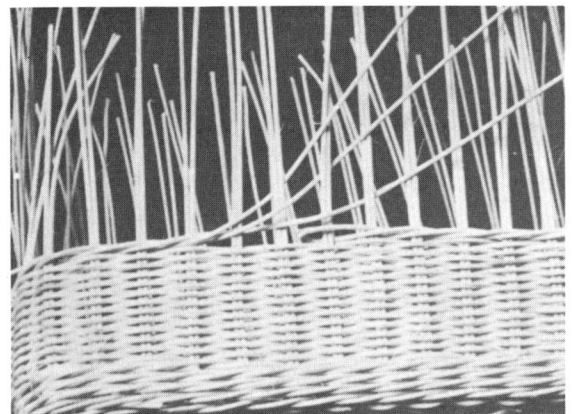

6. 테두리는 날대를 1줄씩 다음 날대 2줄 건너뛰어 바깥에서 안쪽으로 넣는다.

7. 안쪽으로 낸 날대를 다시 한번, 다음 날대를 3줄 건너 아래에서 위로 넣는다.

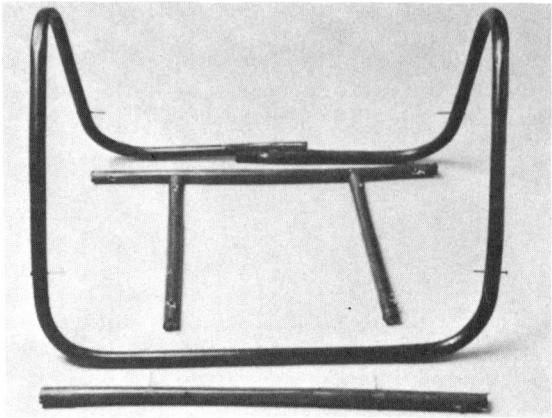

8. 길이 220cm 의 유민을 사진과 같이 구부려 다리를 만든다. 잇는 부분은 상호 3~4cm 정도 반으로 잘라 못으로 고정한다(각부의 사이즈는 삽화 참조).

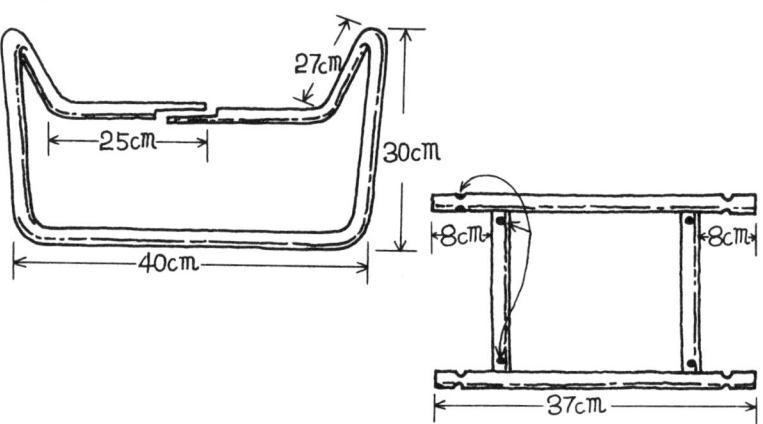

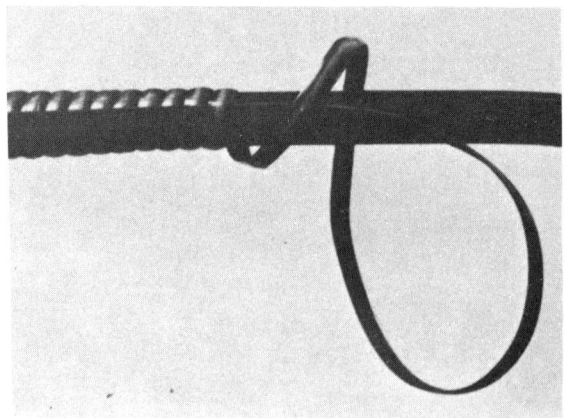

9. 다리 접합부에 피등을 감는다. 처음 시작은 못(7.5m/m)을 박아 고정하고, 끝부분은 사진과 같이 하여 고정시킨다.

10. 바구니를 받치는 잔교를 아래에서 8cm 부분에 못을 박아 고정한다. 즉 앞의 삽화에도 보였듯이 T자형이 되는 부분에는 피등을 감기 위하여 구멍을 미리 뚫어둔다.

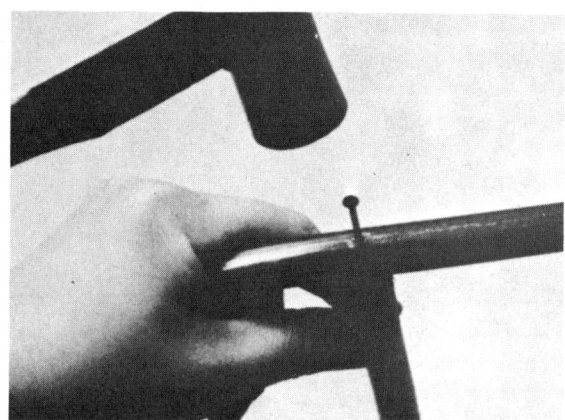

11. 다리 부분이 평평하고 흔들리지 않도록 시험해 보면 좋다.

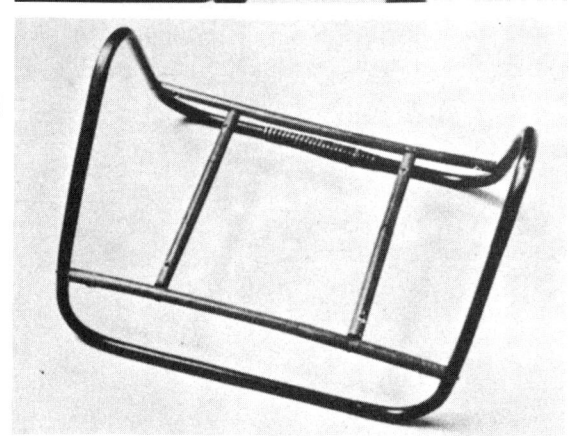

12. T자형으로 접합한 부분에 피등을 감는다. 우선 트릴로 뚫은 구멍에 피등을 넣어 3번 감는다.

13. 오른쪽으로 눕혀 접합 부분을 감는다.

14. T자형 부분인 8곳을 모두 감는다. 이것으로 다리 부분이 완성됨.

양동이 모양의 바스켓

　양동이 형태를 한 큰 바스켓. 디자인이 심플하고 바닥과 테두리에 착색한 피등을 감아 포인트로 하였다. 세탁물 바구니 또는 장난감 바구니나 야채 바구니로 하는 등 용도가 넓은 바구니이다.
　　● 치　수…바닥 직경 35cm
　　　　　　윗테두리 직경 40cm
　　　　　　높이 43cm

- 재 료…사릿대 $3\frac{1}{2}$ m/m의 환심

  날대 $3\frac{1}{2}$ m/m의 환심, 길이 100cm 45줄

  바닥용 날대 $3\frac{1}{2}$ m/m의 환심, 길이 60cm 16줄

  환등 5~8m/m 수개(윗테두리와 아랫테두리로서 사용함), 그 외 환등 적량

- 포인트…바닥 米자 구조(4줄 날대)

  윗테두리·아랫테두리 환등으로 심을 만들고 피등으로 감는다.

  측면 막엮기

  손잡이 6줄로 꼰 것

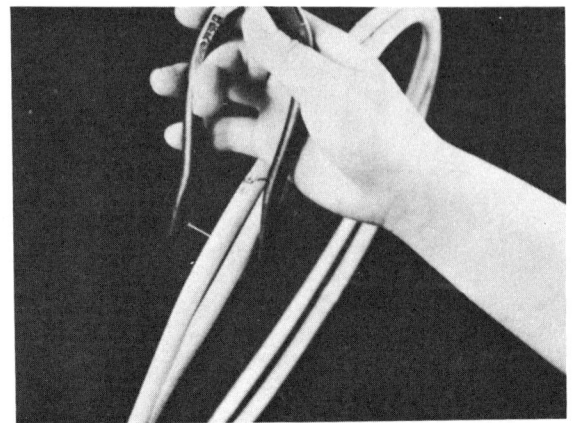

1. 우선 윗테두리가 되는 환등을 준비하여 직경 40cm의 원형을 만든다. 환등의 끝은 못(길이 15m/m)을 박아 고정시킨다. 이것을 7단 겹쳐 처음 못 박은 부분에 합하여 마지막 부분도 못을 박는다.

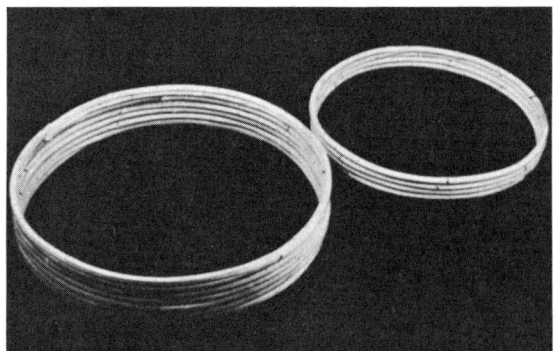

2. 아랫테두리도 직경 35cm의 원형으로 만들어 4단을 만든다. 링형이 되면 폭을 정리하여 튀어나온 부분은 깎는다.

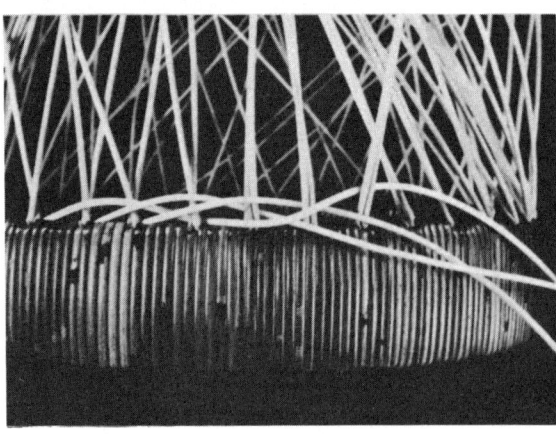

3. 길이 100cm 날대를 반으로 접어 중앙 부분을 쇠망치로 눌러 피등을 사용하여 윗테두리가 되는 부분을 감는다. 피등을 5회 감고, 날대를 세워 1회 감고, 다음 날대를 또 5회 감는다.

4. $3\frac{1}{2}$ m/m의 환심을 사용하여 3줄 꼬아엮기로 엮는다. 이것을 3바퀴한다.

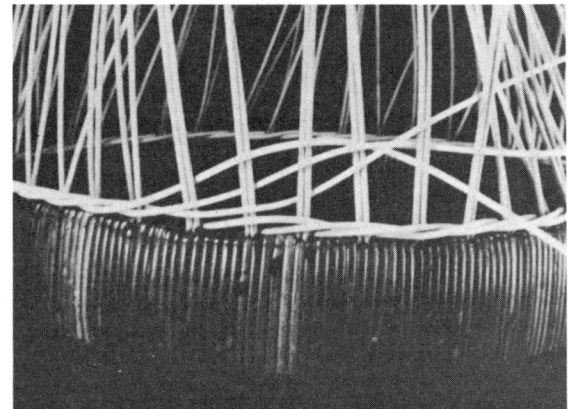

5. 다음은 막엮기를 하는데 날대 감는 부분이나 환등 테두리의 크기 등에 따라 날대수가 달라진다.

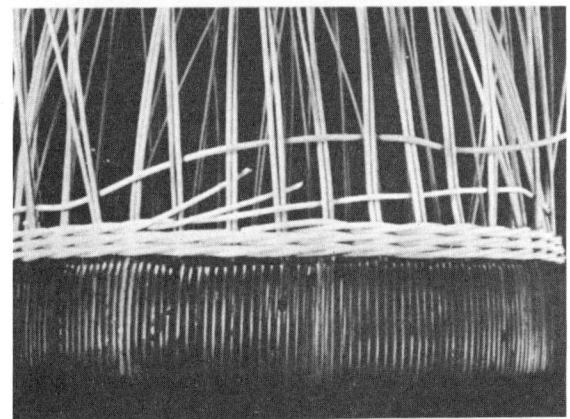

6. 바닥 직경은 35cm이기 때문에 여기에 맞게 조금씩 좁히면서 막엮기를 한다. 막엮기는 약 30cm 폭까지 엮는다. 마지막은 직경이 32cm 정도가 되도록 정리한다.

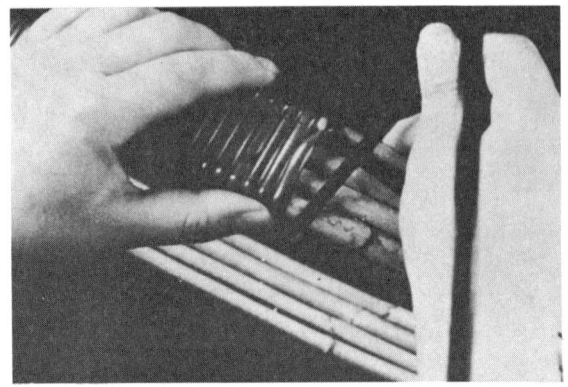

7. 바닥 테두리가 되는 환등에는 피등을 감아 안쪽에서 못을 박는다. 도중에 피등을 잇는 경우에는 다음 삽화와 같이 한다.

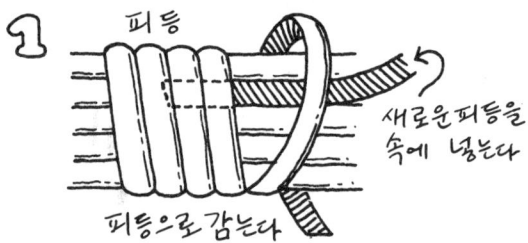

8. 바닥은 길이 60cm 날대를 4줄씩 米자로 만든다. 사릿대를 1바퀴 돌리고 1곳을 2줄, 2줄로 나뉘어 7바퀴 돌린다.

9. 8바퀴째에 날대를 전부 2, 2로 나누고, 처음 2줄씩 나눈 한쪽을 1줄씩 나누고, 덧날대를 1줄씩 더한다. 그대로 15바퀴 돌고, 16번째에 날대를 모두 1줄씩 나눈다.

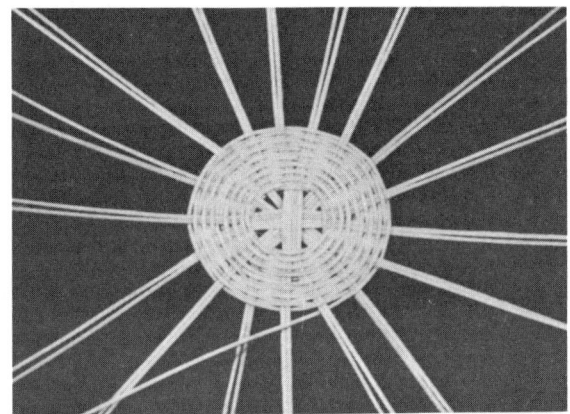

10. 직경 30cm 까지 엮은 다음 사진과 같이 바닥 테두리가 되는 환등을 날대에 못으로 고정시킨다.

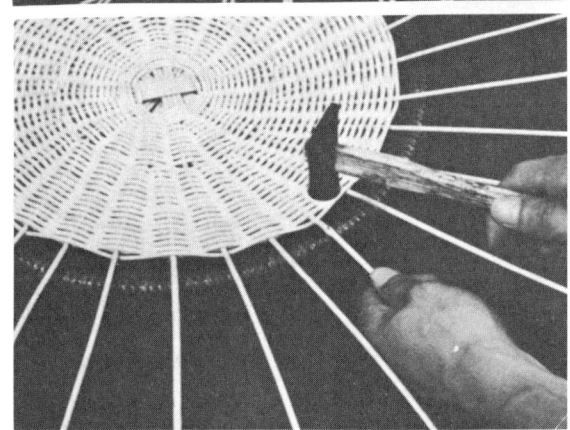

11. 남은 날대는 오른쪽으로 2줄 건너뛰기로 하여 밑으로 넣는다. 이때 환등 테두리와 바닥 부분 사이에 조금 틈이 생겨도 괜찮다.

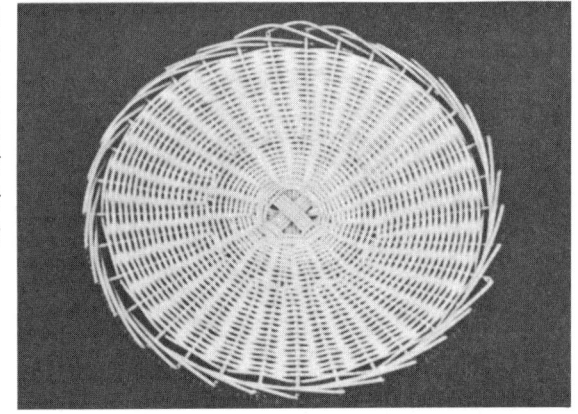

12. 측면을 엮은 날대를 바닥 부분의 환등 안쪽으로 꽂는다.

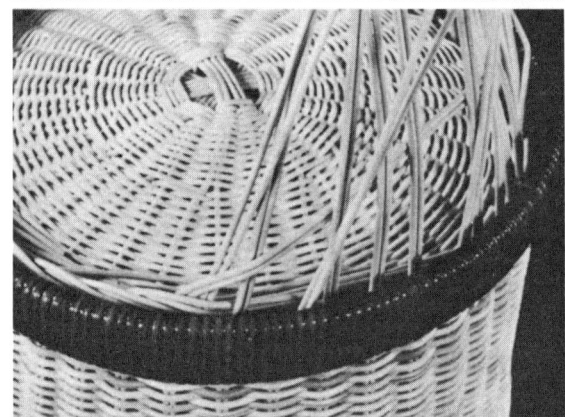

13. 바닥을 고정시키고 위로 나온 날대를 2줄 건너 안으로 젖혀 마무리한다. 이때 $3\frac{1}{2}$ m / m 환심을 사용하여 6줄 끈 손잡이를 달면 완성된다.

삼륜차 위의 작은 바구니

삼륜차형을 한 바구니가 동화 세계에라도 나올 듯한 귀염성이 있다. 바퀴도 민등으로 만들고, 자유롭게 움직일 수 있다. 과일을 넣거나 장난감을 넣거나 한다.

- 치　수…전길이 50cm
  - 폭 33cm(바퀴를 제외하고)
  - 높이 36cm

• 재   료…[차체] 중민 10~12m/m, 길이 180cm 3줄
           환등 5~8m/m, 길이 400cm 1줄
           태민 30m/m, 길이 5cm 3줄
        [바구니] 사릿대 $2\frac{3}{4}$ 의 환심
              날대 $3\frac{1}{2}$ m/m의 환심, 길이 90cm 16줄
• 포인트…[차체] 차륜 깨끗하게 원으로 구부리는 것이 포인트
           뼈대 좌우 2개 준비한다
        [바구니] 바닥 米자 엮기(4줄 날대)
              측면 막엮기
              테두리 국화꽃 마무리

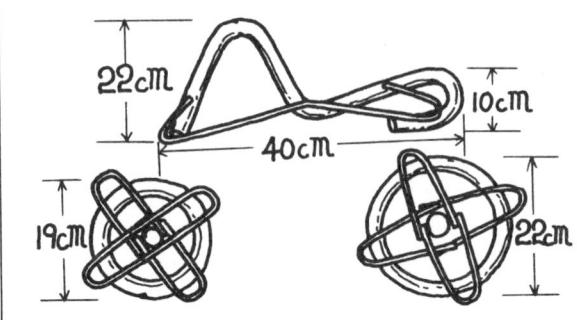

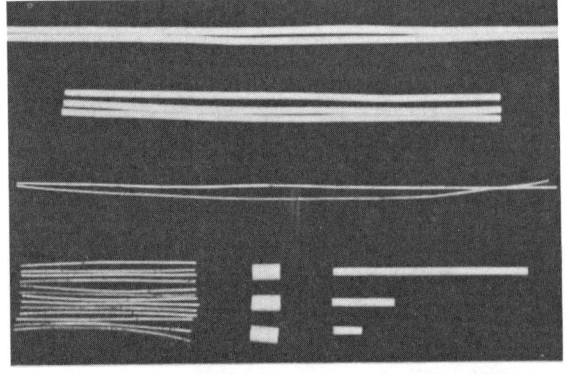

1. 우선 대가 되는 차체의 재료를 사진과 같이 준비한다. 위에서부터 중민 (길이 86cm) 2개 → 뼈대용 중민 (길이 70cm) 3개 → 바퀴용 환등 (길이 62cm) 2개 → 뼈대용 아래 왼쪽부터 환등(길이 22cm) 12개 → 바퀴용, 태민(길이 5cm) 3개 → 차축용, 중민 (길이 30cm, 10cm, 5cm) 각각 1개 → 뼈대용.

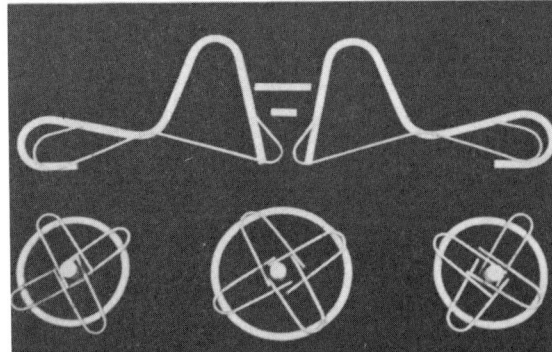

2. 1에서 준비한 민등과 환등을 사용하여 사진과 같이 뼈대 2개와 앞바퀴 (아래 중앙) 1개, 뒷바퀴 2개를 만든다. 민등, 환등은 가스 버너로 구부리면서 바침목을 사용하여 조심스럽게 다룬다. 바퀴를 잇는 부분에는 머리없는 못을 사용하여 접합시킨다.

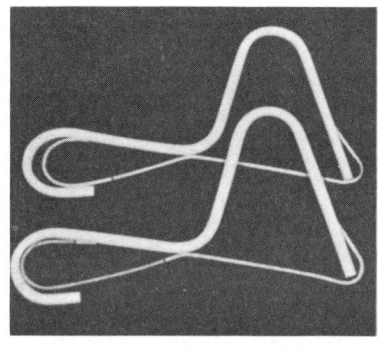 

3. 길이 86cm의 중민을 사진과 같이 구부리고, 길이 62cm의 환등도 사진과 같이 구부리면서 못을 박아 고정시킨다. 이것이 뼈대가 된다. 오른쪽이 앞부분, 왼쪽이 뒷부분이 된다. 뒷부분의 환등과 민등의 틈은 차축이 들어가게 되어 있다.

4. 환등과 민등의 접합부는 피등을 감는다. 민등에 트릴로 구멍을 뚫어 피등을 통과시켜 3회 감는다.

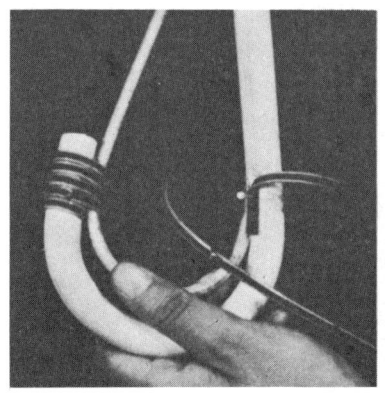 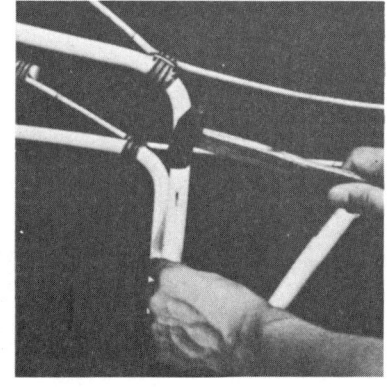

5. 뒷부분의 환등과 중민의 접합부는 같이 감아 고정시킨다.
6. 좌우 2줄의 뼈대 사이에 길이가 각각 5cm, 10cm, 30cm인 중민을 넣어 못(길이 30m/m)으로 박아 고정시킨다.

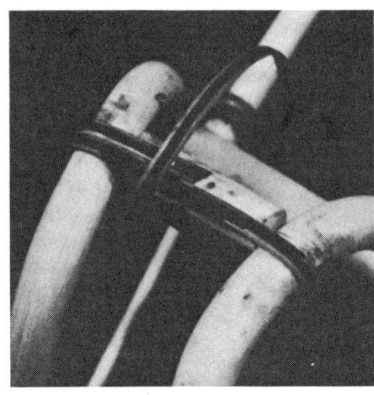 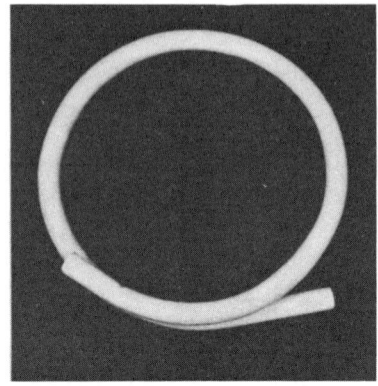

7. 뼈대와의 접합부분에도 사진과 같은 방법으로 피등을 감는다.
8. 다음에 차륜의 제작에 들어간다. 길이 70cm 중민을 될 수 있는한 깨끗한 원형으로 구부린다. 직경 22cm의 것을 1개, 직경 19cm의 것을 2개 만든다.

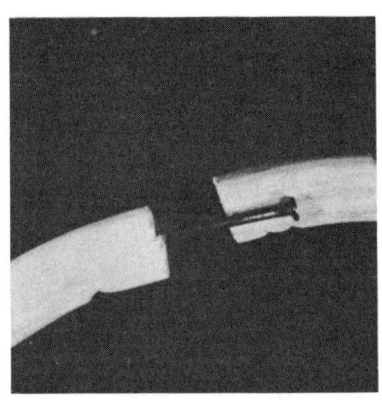 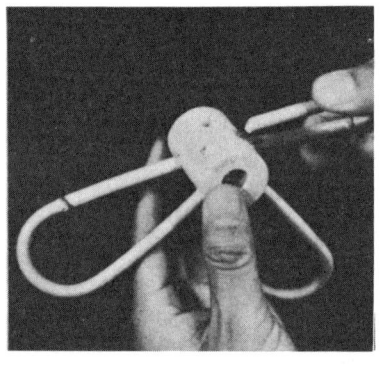

9. 원형으로 구부린 후 적당히 잘라 사진과 같이 못을 박는다. 그리고 못 머리를 뻰찌로 잘라 한쪽 나무에 박아 접합한다. 이때 접착제를 사용하여 보강한다.
10. 길이 5cm의 태민에 각기 직경 5m/m의 구멍을 8개씩 뚫는다. 여기에 스포크가 되는 환등을 꽂는다. 구멍은 비스듬한 위치에 만들어 둔다. 앞 바퀴만 차축 중심부에 직경 5m/m의 구멍을 뚫는다.

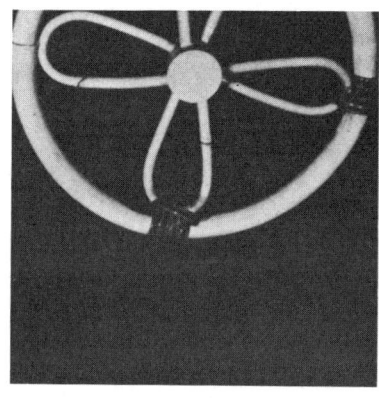 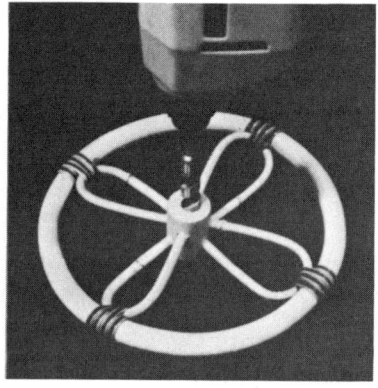

11. 차바퀴의 스포크를 피등으로 감아 고정한다. 이때 민등 접합부에 스포크가 맞도록 하여 접합 부분을 피등으로 감아 보이지 않도록 한다.

12. 뒷바퀴 차축에는 각각 직경 10m/m 깊이 2cm 정도 구멍을 중심에 뚫는다.

13. 다 된 바퀴를 뼈대에 단다. 앞바퀴는 뼈대의 민등에 트릴로 구멍을 뚫고, 환등을 통과시켜 못을 박아 고정한다. 뒷바퀴는 가는 민등을 뼈대에 끼워 차바퀴에 꽂는다.

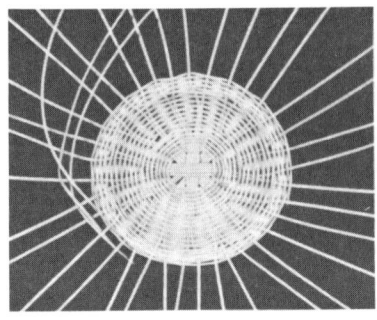 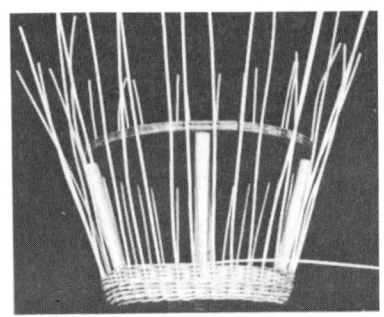

바구니 만드는 방법

1. 뼈대가 다 되면 바구니를 만든다. 우선 길이 90cm의 날대를 4줄씩 米자로 놓는다. 날대를 2줄 건너기, 1줄 건너기로 나누면서 직경 21cm 까지 막엮기를 한 후 3줄 꼬아엮기를 1바퀴한다.

2. 조금씩 넓히면서 세워 3줄 꼬아엮기를 3바퀴하고 막엮기로 엮는다. 여기에서는 아래 직경 21cm, 위 직경 26cm, 높이 20cm의 틀을 사용한다.

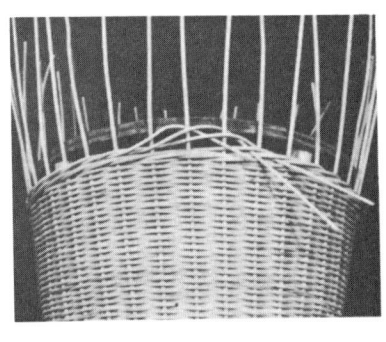 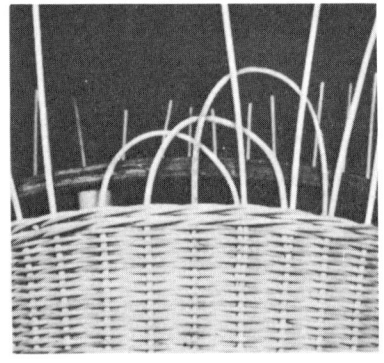

3. 바구니 상부 직경을 25~26cm 까지 엮고, 3줄 꼬아엮기를 2바퀴한다. 이때 바구니의 높이는 20cm 정도가 된다.

4. 테두리는 국화꽃 마무리이다. 날대를 높이 3cm 정도로 하여 오른쪽으로 2줄 건너뛰어 3번째 날대 왼쪽으로 꽂는다.

5. 안쪽에 나온 사릿대의 잇는 목등을 잘라 깨끗이 하고, 뼈대에 바구니를 고정하면 완성됨.

피등으로 만든 접시

피등을 사용한 장방형의 접시. 환심을 흰색, 피등은 다크 브라운으로 아름다운 조화가 포인트이다. 테두리는 심으로 환등을 사용하여 손잡이를 달았다. 부엌에서 사용하기 편리한 도구이다.

- 치   수…긴 변 48cm
  - 짧은 변 32cm
  - 높이 8.5cm(손잡이 부분이 5cm)
- 재   료…사릿대 피등(착색한 것)
  - 날대 $3\frac{1}{2}$ 의 환심, 길이 32cm 56줄

환등 5～8m/m 여러 개
• 포인트…바닥 평엮기
　　테두리 환등을 심으로 하여 피등으로 감기

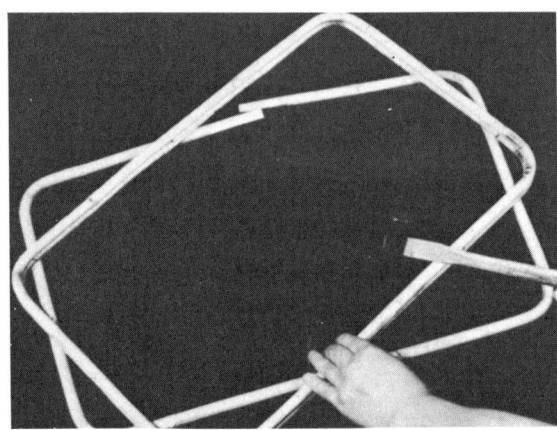

1. 우선 환등을 사용하여 틀을 만든다. 긴 변 48cm, 짧은 변 32cm가 되도록 가스 버너로 환등을 구부린다. 마지막 부분은 서로 3～4cm 층지게 잘라 못(길이 15m/m)으로 박아 고정한다. 이것을 3개 겹친다.

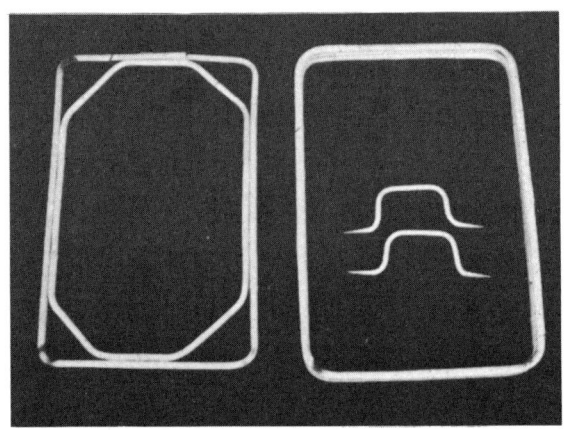

2. 오른쪽은 틀과 손잡이. 손잡이는 길이 30cm의 환등을 사진과 같이 구부려 양끝을 깎아 둔다. 왼쪽은 밑면의 틀. 측면의 테두리는 내경보다 조금 작게 (약 46cm×29cm) 만들어 사진과 같이 8각형으로 하여 못으로 고정한다.

3. 손잡이를 틀에 붙인다. 손잡이 환등은 테두리 환등보다 좁은 것을 사용한다.

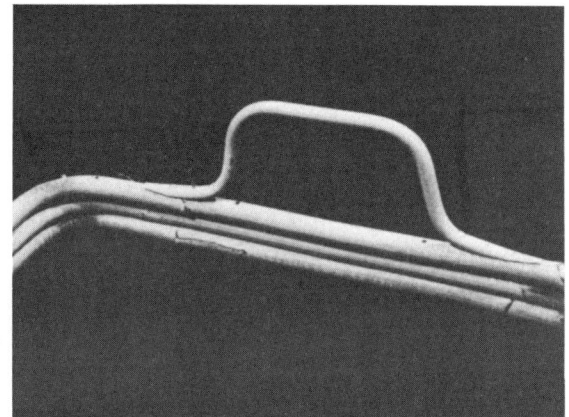

4. 완성된 틀.

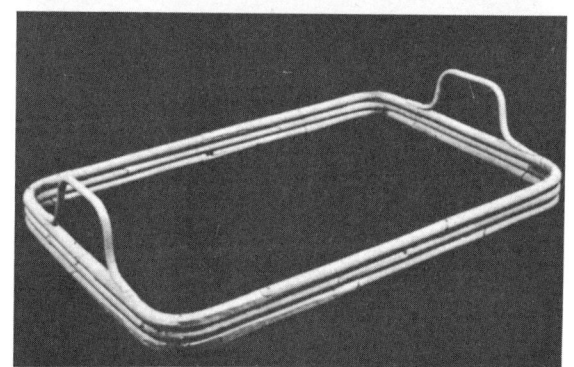

5. 밑면틀을 만든다. 버팀목은 틀을 만든 후 틀 사이즈에 맞추어 구부려 못(24m/m)으로 고정시킨다.

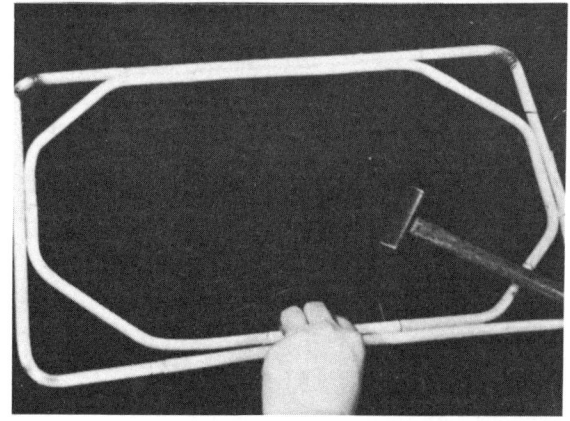

6. 틀에 피등을 감는다. 감는 첫부분은 못으로 고정하여 감기 시작한다.

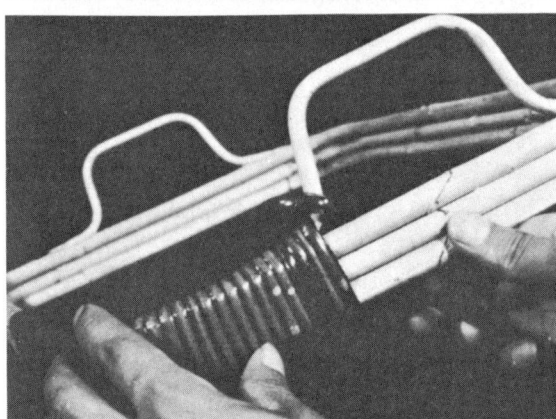

7. 손잡이 부분을 남기고 감는다.

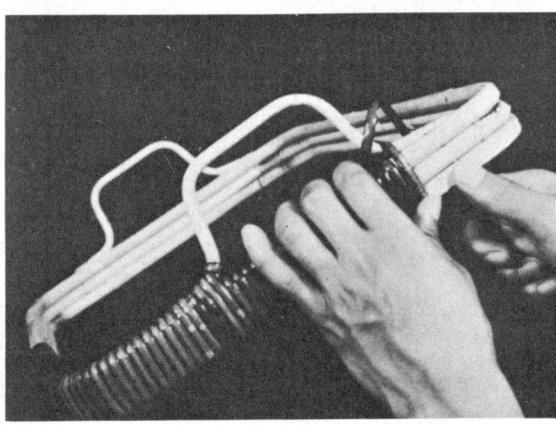

8. 피등을 잇는 법. 피등이 도중에 모자라면 사진과 같이 새로운 피등을 안으로 넣어 다 된 피등으로 2번 정도 감고 서로 반쯤 틀어 감는다.

9. 손잡이 부분에 피등을 감는다. 손잡이 상부에는 뱀무늬로 엮는다.

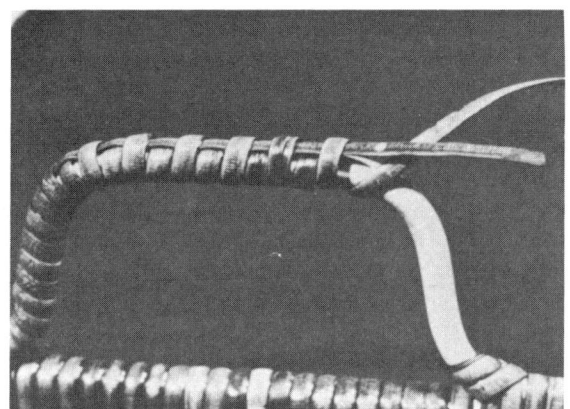

10. 뱀무늬 감기는 앞쪽의 피등을 건너 위로 4단 건너 뛰어 8자로 꽂는다. 다음 아래로 3단 되돌아 다시 위로 4단 건너서 8자로 꽂고, 아래로 3단 되돌아온다. 이것을 6번 반복한다.

11. 다음은 바닥 짜기에 들어간다. 길이 32cm의 날대를 약 1.5cm 간격으로 2줄씩 하여 못으로 고정한다. 그리고 평뜨기를 한다. 양끝의 환등 위에도 날대를 1줄 놓고 거기부터 되돌아엮기를 한다.

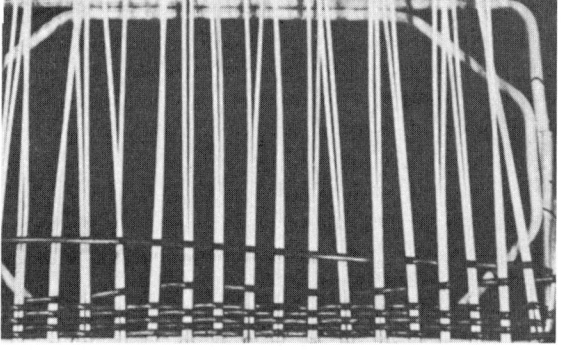

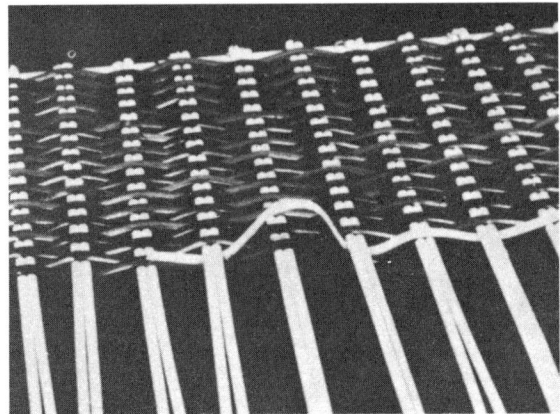

12. 평엮기의 피등 잇는 법. 짧아진 피등은 날대 밑으로 넣고, 새피등(사진은 흰피 등으로 표시함)을 그 앞부터 겹쳐서 잇는다.

13. 다 엮은 다음, 날대를 틀에 못(9m/m)으로 박는다. 밖으로 나온 날대는 틀에 맞추어 가위로 자른다.

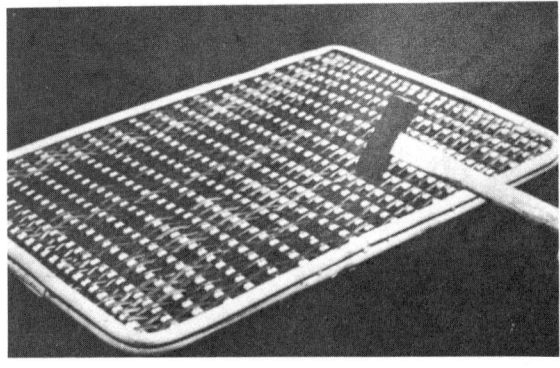

14. 환등을 반으로 쪼갠 것을 위에 대고 못(9m/m)으로 고정시킨다. 이것으로 밑부분이 완성됨.

15. 측면과 밑바침못을 못(24m/m) 으로 안쪽에서 박는다. 완성.

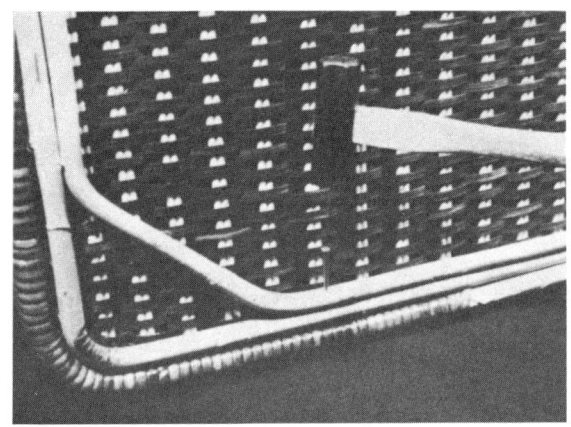

잡지대

민등과 환등으로 만든 잡지대 등이 갖는 맛을 살려 곡선미를 강조하였다. 현대적인 인테리어에 잘 어울리는 디자인이다.

- 치　수…폭 43cm
  　　　높이 27cm
  　　　행간 16cm

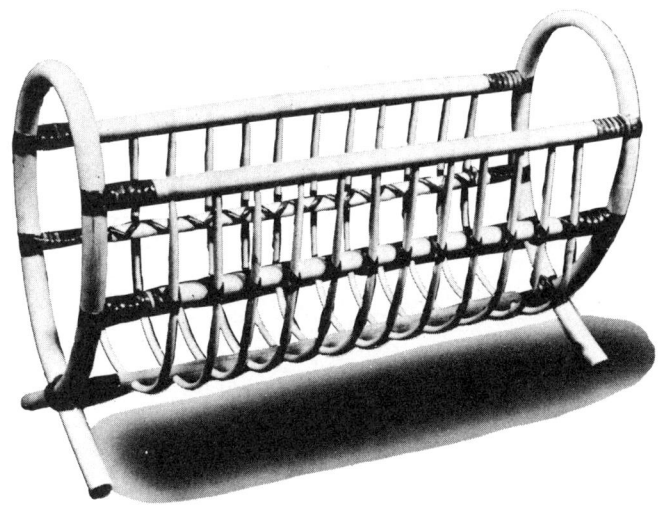

- 재　료···중민 18~20m/m, 길이 80cm 2줄, 길이 40cm 5줄
  환등 8m/m, 그 외 피등 소량
- 포인트···중민을 곡선을 살려 아름답게 구부린 것이 포인트.
  가스 버너로 조심스럽게 구부린다.

1. 길이 80cm의 중민을 중심부분을 가스 버너에 대어 사진과 같이 구부려 둔다. 겹친 부분은 폭 2cm, 깊이 1cm 정도 잘라 못으로 고정한다. 같은 치수의 것을 2줄 만들어 둔다(삽화 참조).

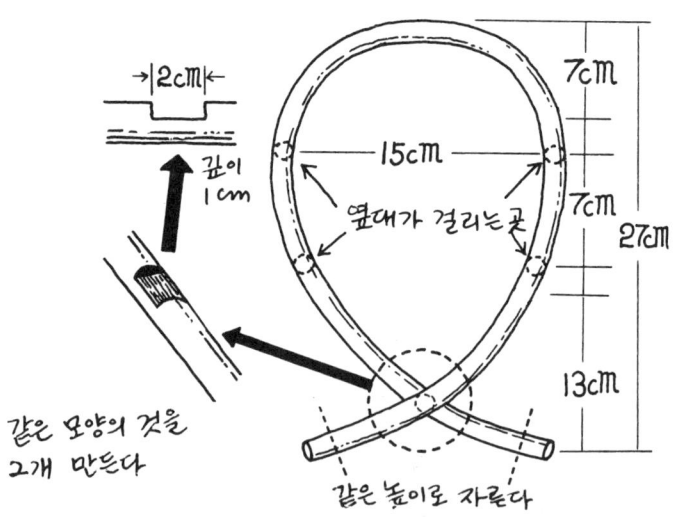

2. 다음은 가로틀을 만들어 붙인다. 맨 아래와 위 2줄의 틀에는 미리 환심이 들어갈 8m/m 크기의 구멍을 뚫어둔다. 간격은 약 3cm. 위의 2줄은 깊이 8m/m로, 아래틀은 통과시킬 수 있는 구멍을 뚫는다.

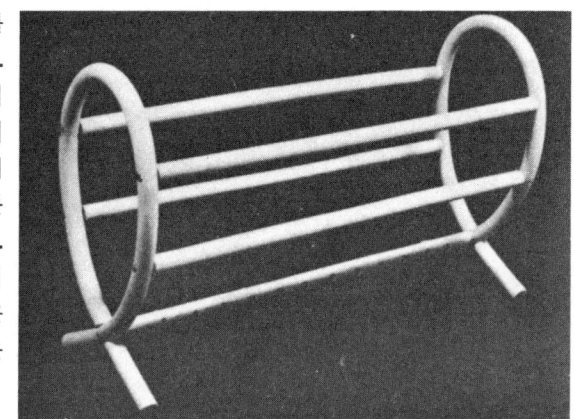

3. 굵기 8m/m 환등을 길이 42cm로 잘라 틀의 구멍에 사진과 같이 끼운다. 환등은 미리 1시간 정도 물에 담가두면 취급하기 쉽다.

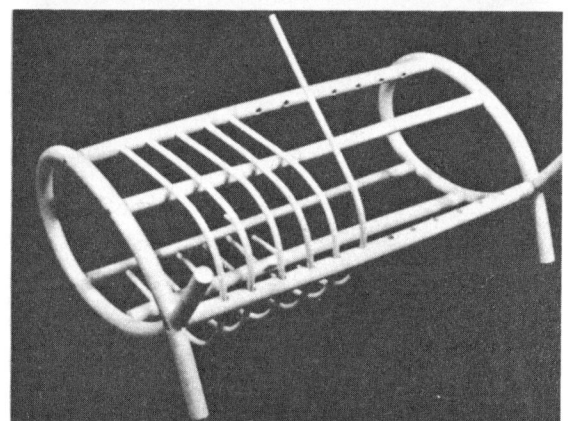

4. 간격을 고르게 하고, 중민의 가로대에 환등을 못(24m/m)으로 고정시킨다.

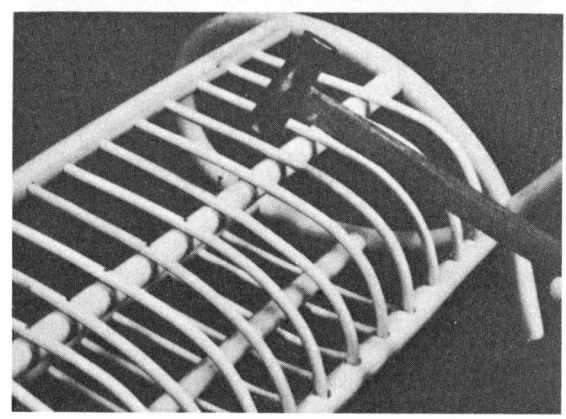

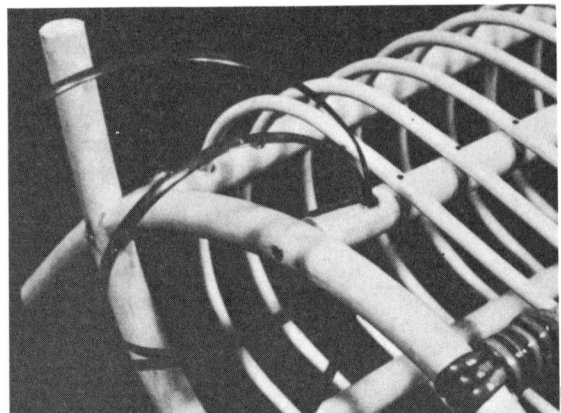

5. 중민의 접합 부분에 피등을 감는다. T자로 된 부분은 이와 같이 트릴로 구멍을 뚫고, 피등을 3회 감는다. 그리고 구멍부터 접합 부분에 대하여 감아올라 간다.

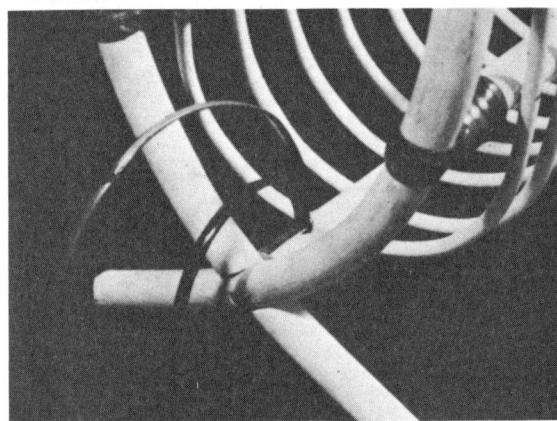

6. 사진 부분도 가로대에 트릴로 구멍을 뚫어 피등으로 2회 감는다.

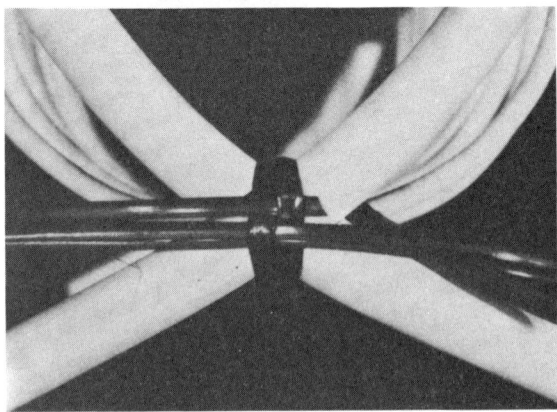

7. 다 감은 피등을 옆으로 내고, 2줄의 피등에 井자로 꽂아 마무리한다.

8. 환등을 중민에 못으로 고정한 부분을 X형으로 피등을 감는다. 우선 처음 환등에 대고 같은 방향으로 차례차례 오른쪽으로 감아간다.

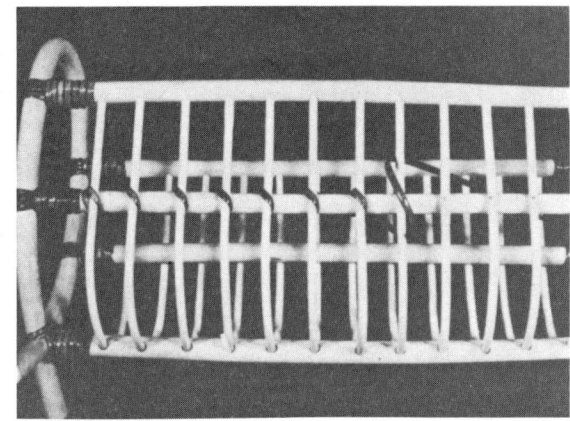

9. 오른쪽 끝까지 감았으면 이번에는 반대 방향으로 되돌아감는다. 마지막은 처음 감은 피등 아래로 넣어 못으로 고정한다.

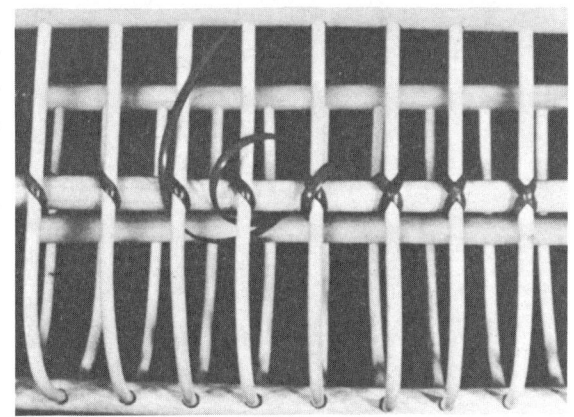

세탁물 상자

뚜껑이 달린 세탁물 상자. 등이라는 소재가 청결감이 있어서 세탁물 바구니로서 적당하다. 심플한 디자인과 견고함으로 만들었다.

- 치 수⋯폭 45cm
  높이 50cm
  안 길이 35cm

- 재   료…골조 중민(굵기 18~20m/m) : 길이 140cm 2줄, 42cm 4줄, 30cm 4줄(이상은 본체용).
  42cm 2줄, 29.5cm 2줄, 8cm 1줄
  환등(굵기 8~10m/m) 여러 개
  피등 : 여기에서는 착색한 피등을 사용함.
  사릿대 $2\frac{3}{4}$ m/m의 환심
  날대 3m/m의 환심, 길이 50cm 약 110줄, 길이 60cm 34줄
  합판(두께 3m/m) : 44cm×32cm 1개
- 포인트…골조 치수대로 견고히 만드는 것이 포인트
  측면과 뚜껑 사릿대는 모두 막엮기로 함.

1. 준비한 골조용 재료를 써서 치수대로 절단하여 굽힌다. 측면이 되는 2조의 골조는 치수가 같도록 한다 (삽화 참조).

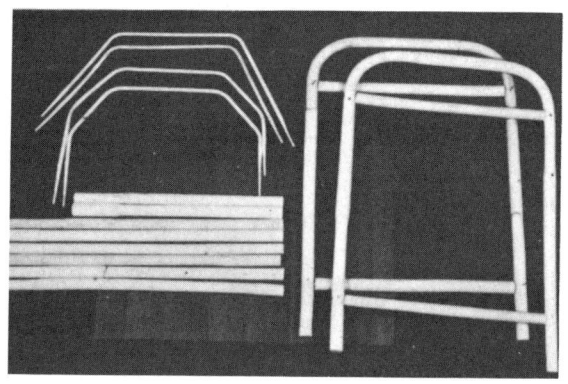

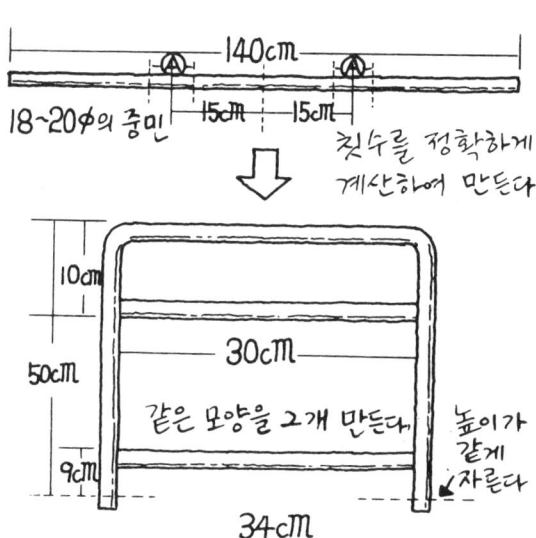

18~20∅의 중민 ─ 140cm ─ 15cm ─ 15cm

치수를 정확하게 계산하여 만든다

10cm / 50cm / 9cm / 30cm / 34cm

같은 모양을 2개 만든다. 높이가 같게 자른다

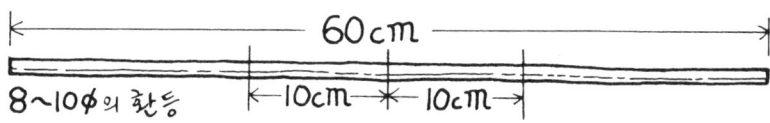

8~10∅의 환등 ─ 60cm ─ 10cm ─ 10cm

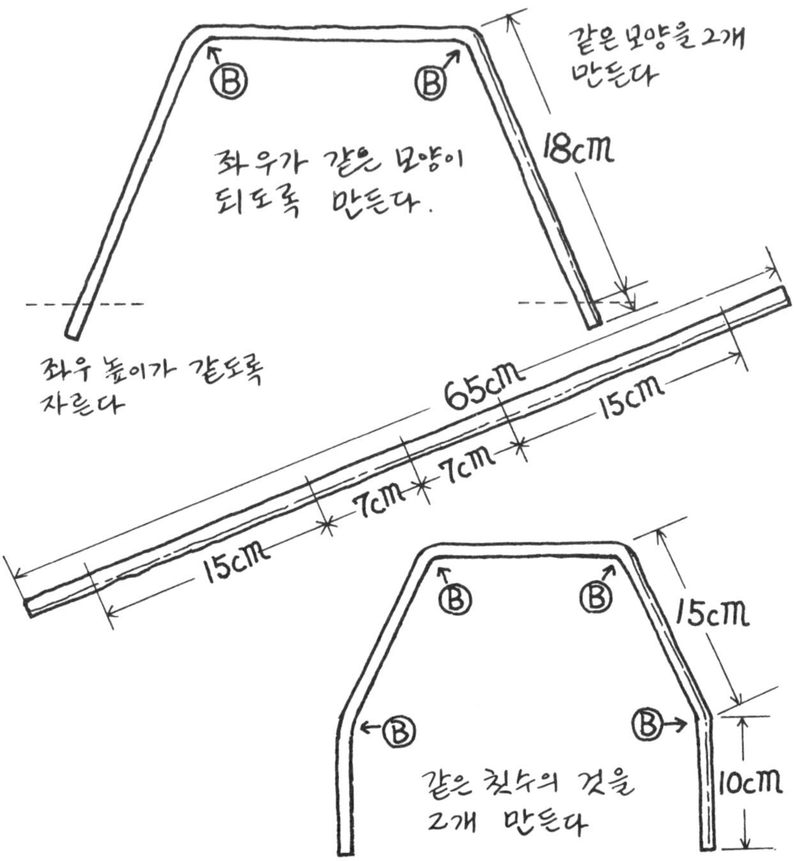

같은 모양을 2개 만든다

좌우가 같은 모양이 되도록 만든다.

18cm

좌우 높이가 같도록 자른다

65cm

15cm

7cm 7cm

15cm

15cm

같은 치수의 것을 2개 만든다

10cm

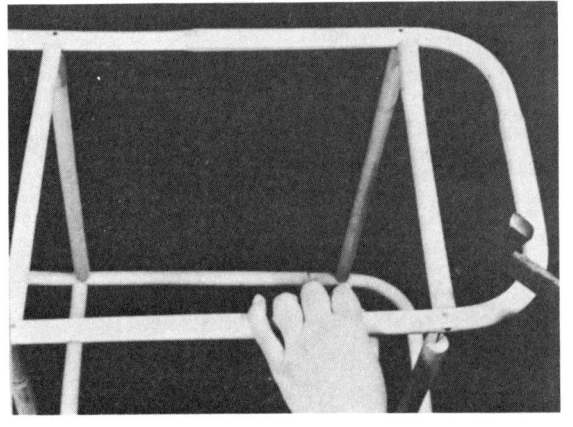

2. 측면 2조의 골조 사이에 길이 42cm의 중민을 횡틀로 해서 넣고, 못을 박는다. 그리고 밑이 되는 합판 (44cm×32cm)의 네 귀퉁이를 각기 2cm 정도 잘라 붙인다.

3. 보강용의 환등을 네 귀퉁이에 못으로 박고 골조를 완성시킨다. 다음에, 지주와 옆틀의 접합 부분을 피등으로 감는다. 우선 12cm 정도 길이의 피등을 3줄 나란히 못(9m/m)으로 박는다.

4. 피등을 뒤집어 못을 박고 사진과 같이 감기 시작한다. 마무리는 최후 2바퀴를 느슨하게 해두고, 나머지 피등의 안을 향해 느슨하게 2바퀴 묶는다.

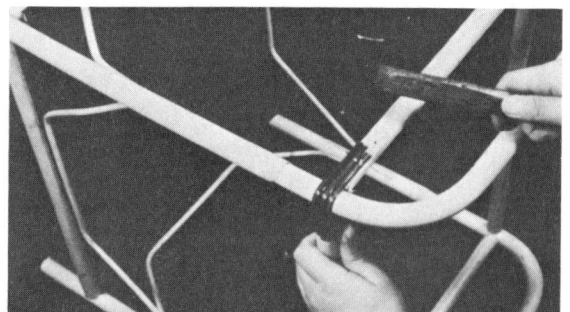

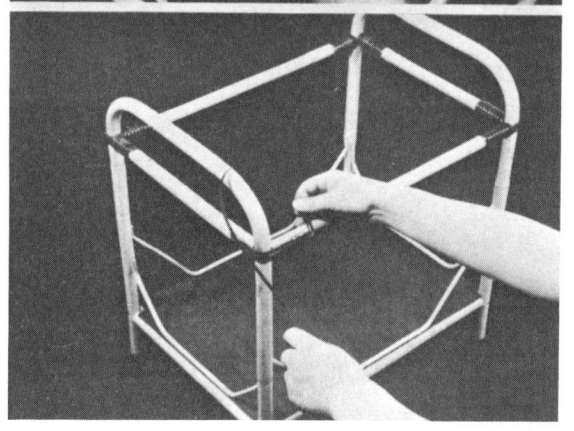

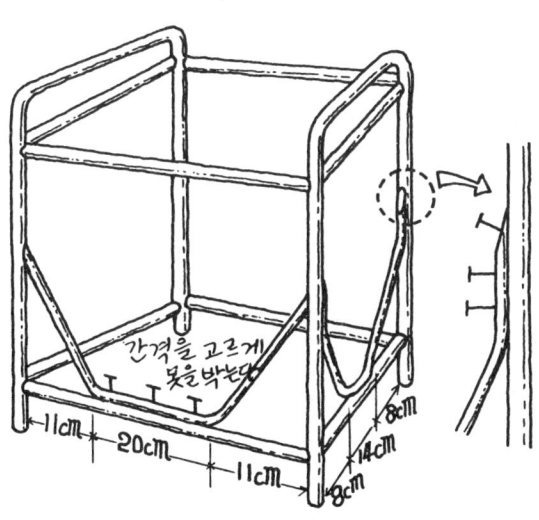

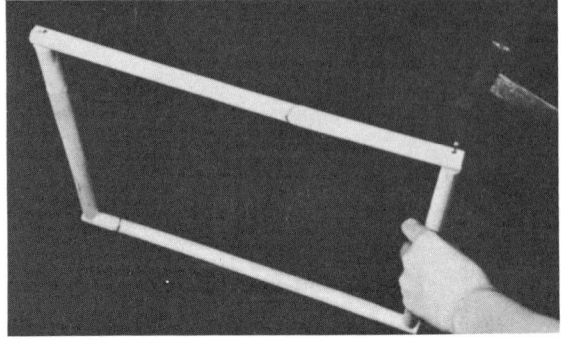

막엮기와 뚜껑

1. 우선 뚜껑을 만든다. 길이 42cm와 29.5cm 중민을 각각 2줄씩 준비하여 사진과 같이 못으로 박아 틀을 만든다. 이때, 짧은 쪽 중민을 약 2m/m 정도 안쪽으로 꽂아두어야 한다.

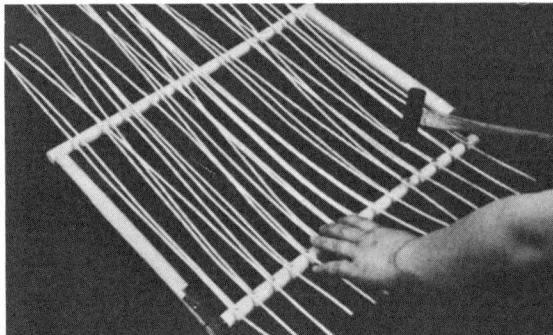

2. 피등을 가로와 세로틀의 접합 부분인 4곳에 사진과 같이 하여 못으로 고정시킨다. 그리고 길이 60cm의 날대를 못(9m/m)으로 2cm 간격으로 2줄씩 못을 박는다. 이때 왼쪽 대는 아래로 15cm 정도 내어 둔다.

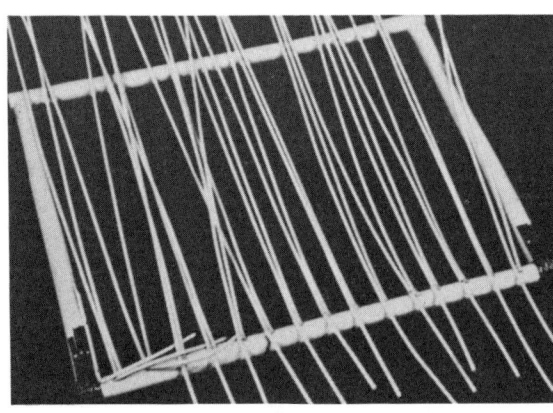

3. 왼쪽 끝에는 길이 20cm 정도를 꺾어두고 오른쪽 2조의 날대를 지나 3조째 날대 밑으로. 오른쪽 날대는 2줄 모두 자른다. 그리고 $2\frac{3}{4}$ m/m 의 환심으로 막엮기

를 한다. 이때 양끝
은 되돌아엮기가
되지만 중민에는
1회 감기를 한다.
   4. 본체 골조에
길이 50cm 날대를
2줄씩 아래 테두리
에 못(9m/m)으로
박는다. 간격은 2
cm. 그리고 위부터
피등을반으로 잘라
못(24m/m)으로
고정한다. 날대 숫자
는 전부 기수가
되도록 조절한다.
   5. 반 자른 피등을
1바퀴 돌린다. 각
코너 부분은 미리
손가락으로 조정해
두면 좋다. $2\frac{3}{4}$ m/
m의 환심은 모두
막엮기로 아래부터
짜올라간다.
   6. 여기에서 본체
와 뚜껑이 완성됨.
전체가 깨끗이 엮어
지는 것은 어려우므
로 조금 빈곳은
사릿대를 조금 더하
여 엮어 둔다.

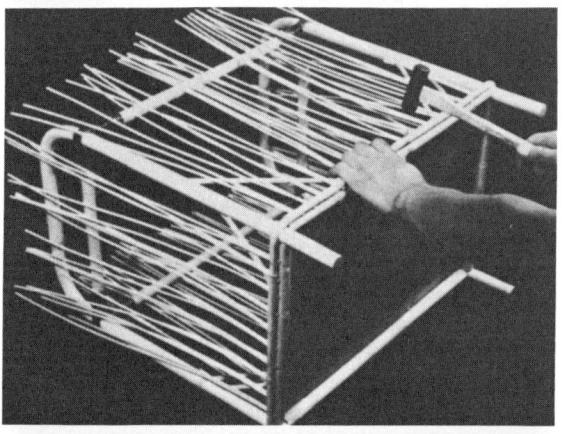

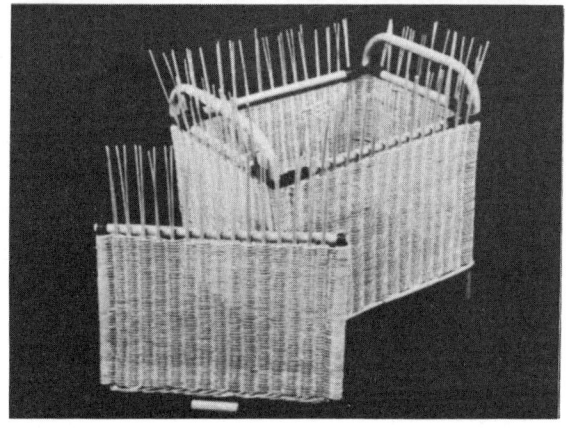

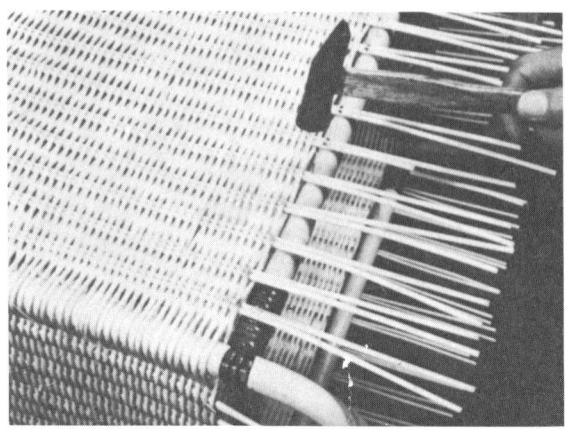

7. 위로 나온 날대는 1줄씩 못(9m/m)으로 박아 고정한다.

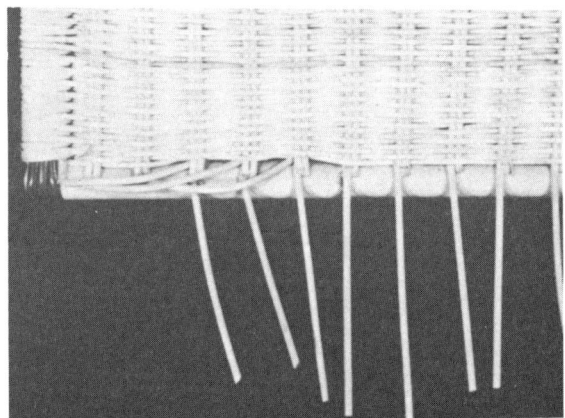

8. 2줄 있는 날대 오른쪽은 못으로 박아 자른다.

9. 남은 1개의 날대는 오른쪽 2조의 날대 위를 건너 3조째 아래로 꽂아넣는다. 뚜껑도 같은 요령으로 테두리를 마무리한다.

10. 뚜껑의 손잡이를 단다. 못은 안쪽에서 박아둔다.

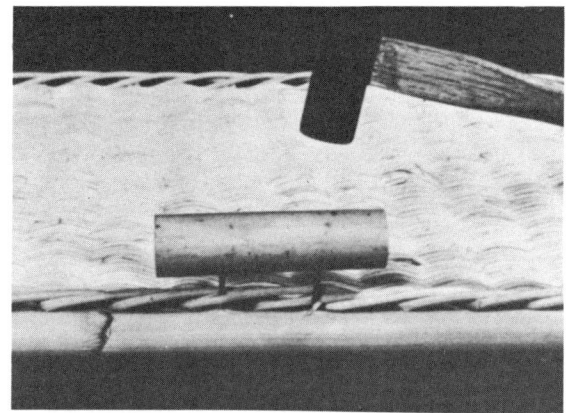

11. 뚜껑과 본체를 붙이는 것은 사진과 같이 못(45m/m)을 사용한다. 못을 박기 전에 구멍을 뚫어둔다. 못머리를 잘라 박으면 눈에 뜨지 않는다.

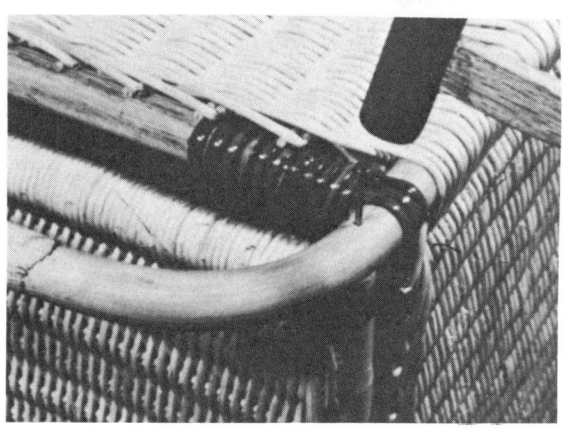

소용돌이 무늬 장식장

인형 등의 장식장으로 하든가, 화장품, 타올 등 목조용으로서 적당하다. 옆에 넣은 무늬는 옛날에는 등가구에 잘 사용되었지만 최근에는 잘 사용되지 않는다. 그것이 오히려 클래식한 무드를 느끼게 해준다.

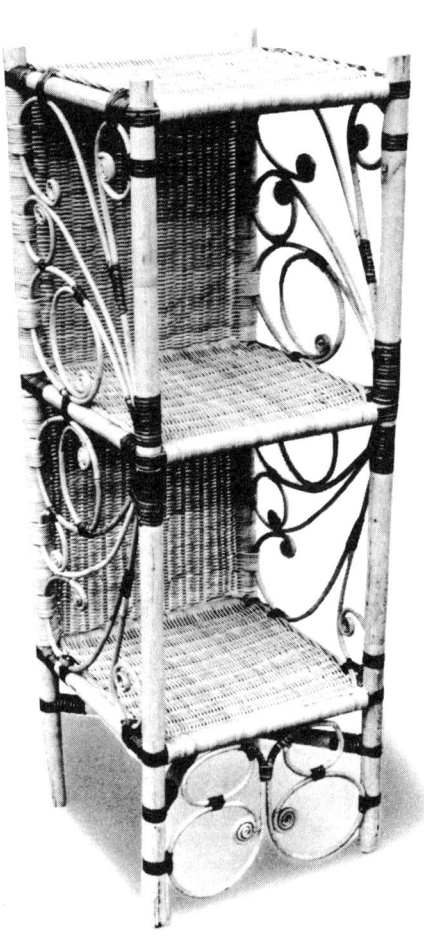

- 치   수…높이 110cm
    폭 35cm
    깊이 35cm
- 재   료…골조 태민(굵기 24~26m/m) : 길이 110cm 4줄, 30cm 12줄, 44cm 2줄
    무늬 환등(굵기 8~10m/m)
    사릿대 $2\frac{3}{4}$ m/m의 환심
    날대 3m/m의 환심 외에 피등 몇 개
- 포인트…골조 태민을 곧게 세우는 것이 최대의 포이트임. 여기에서는 껍질이 붙은 것을 사용한다.
    무늬 환등은 미리 하룻밤 정도 담궈 둔다.

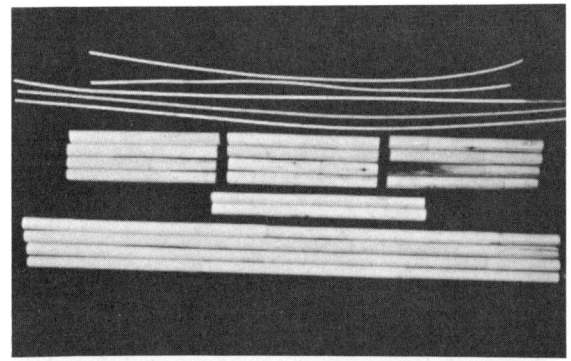

1. 골조용의 태민과 무늬에 사용하는 환등. 태민은 구부러져 있는 부분을 가스 버너에 쬐어 버팀목으로 곧게 편 다음 치수에 맞추어 절단한다.

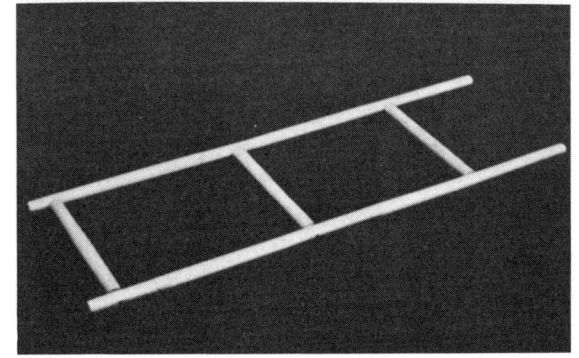

2. 길이 110cm의 태민 2개와, 길이 30cm의 태민 3개로 사진과 같은 틀을 2개 만든다. 이것이 측면이 된다. 왼쪽이 상단이 된다. 간격은 상단을 5cm 내고, 뒤는 40cm, 40cm. 아래 다리 부분이 25cm가 된다.

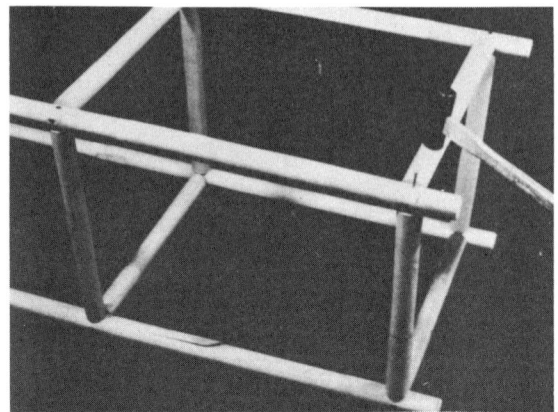

3. 2에게 만든 측면틀에 길이 30cm의 횡대를 직각이 되도록 못을 박아 고정한다. 못을 박을 때는 아래 구멍을 트릴로 뚫어 두면 좋다.

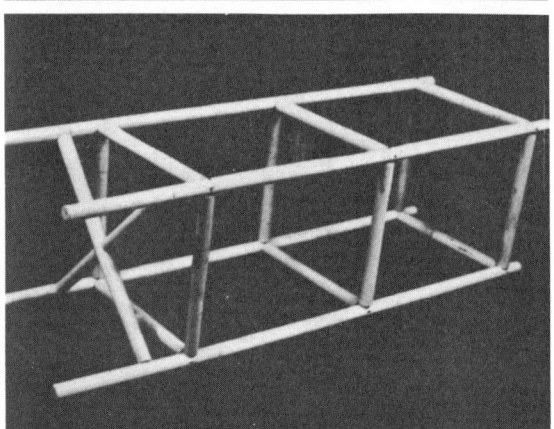

4. 아래부터 15cm의 위치에 버팀목으로서 길이 44cm의 태민을 2줄 넣는다. 교차하는 부분은 깊이 1cm, 폭 3cm 정도 파서 교차시킨다.

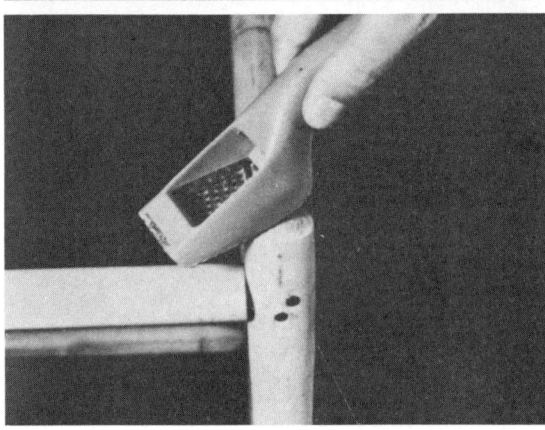

5. 상단의 5cm 정도 나온 부분은 샌드페이퍼 등으로 둥글게 깎아둔다 (사진은 나무깎기 도구를 사용하고 있음).

6. 버팀목 부분은 피등으로 감는다. 다리가 되는 4곳에 트릴로 구멍을 뚫어 피등을 5회 통과시켜 감는다. 그 외의 대와 지주 접합 부분에도 길이 15cm의 피등을 5줄 나란히 못박아 피등으로 감는다.

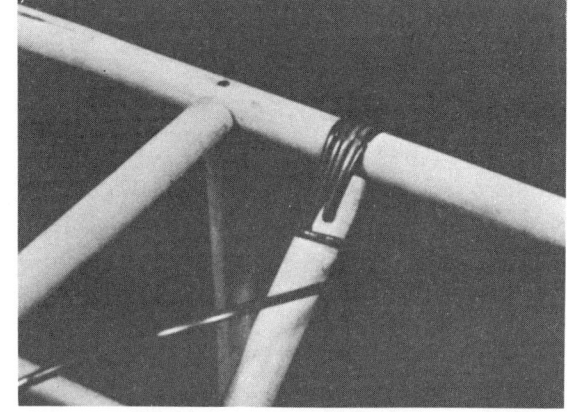

7. 장식장 밑부분을 엮는다. 길이 50cm로 날대를 잘라 2줄씩 횡대에다 2.5cm 간격으로 못(9m/m)을 박는다. 그리고 오른쪽 날대는 15cm 내어 왼쪽으로 꺾어둔다. 남은 날대를 왼쪽으로 2줄 건너 엮기를 한다.

8. 막엮기로 엮기 시작한다. 좌우 틀에 1회씩 감고 되돌아 엮기를 한다. 다 짰으면 7번과 같이 가운데로 젖혀 둔다.

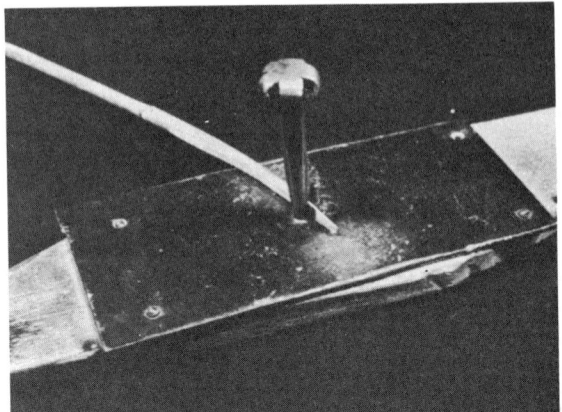

9. 환등으로 무늬를 만든다. 물에 담가 부드럽게 된 환등 끝을 15cm 정도 비스듬히 잘라 사진과 같은 도구로 세트한다. 이 도구는 나무판과 굵은 못, 가는 못으로 만들 수 있다.

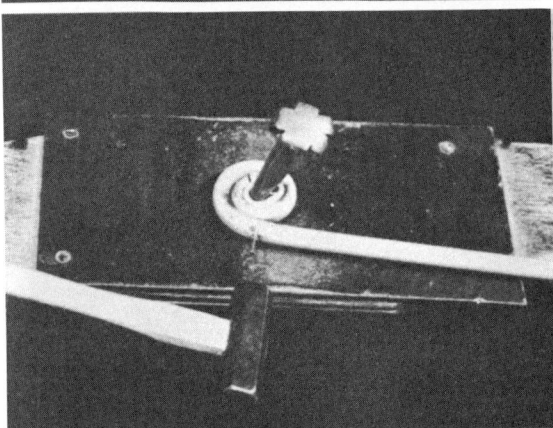

10. 아래 공구를 돌려 3회 정도 감은 다음 못(15m/m)으로 고정시킨다.

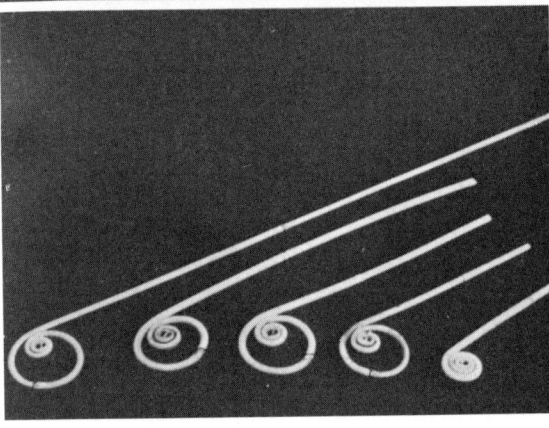

11. 10에서 만든 무늬 모양에 크게 다시 한번 돌려 못을 박아 고정시킨 것을 8조 만든다. 이것을 18개 만들어 둔다.

12. 삽화와 같이 소용돌이 무늬를 넣는다. 각대에 마주치는 부분은 못으로 박아 고정시킨다. 처음 시작 부분은 사진과 같이 피등으로 감는다.

13. 중간에 갈라지는 부분도 비스듬히 깎아 못으로 고정시키고 피등으로 감아둔다.

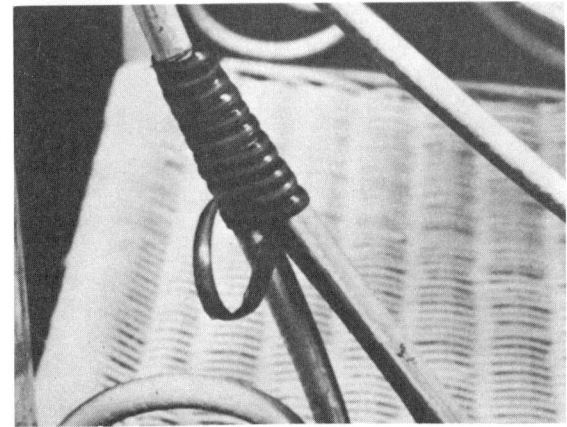

14. 각 대와 만나는 부분에도 피등을 감아둔다.

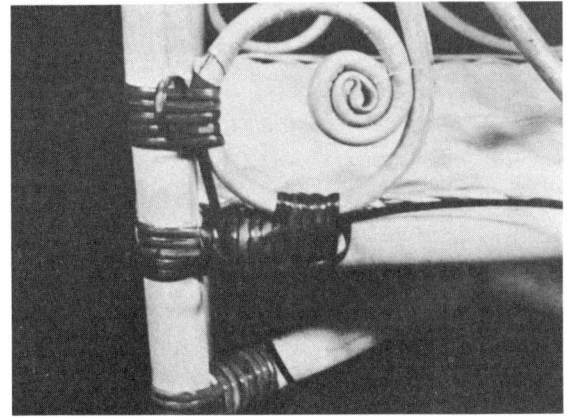

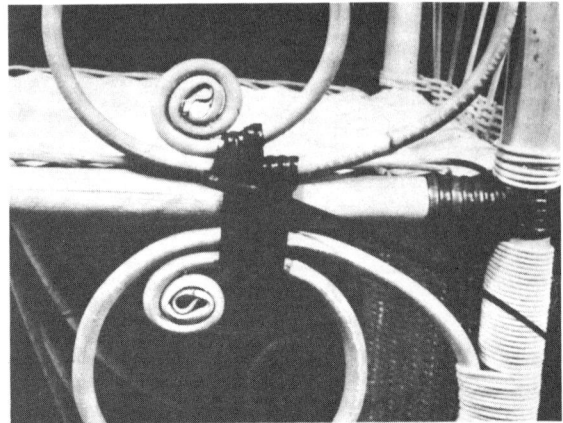

15. 중간대 부분은 사이에 태민이 들어가기 때문에 사진과 같이 전부를 함께 감는다.

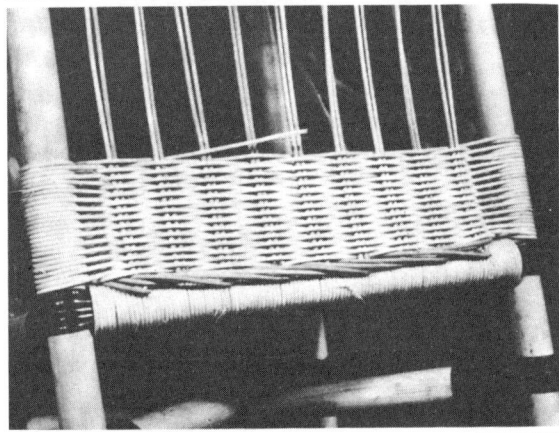

16. 다음에 안쪽을 막엮는다. 날대를 2줄로 하여 2.5cm 간격으로 아래로 15cm 내어 가로대에 못박는다. 그리고 오른쪽은 남기고 각기 1줄씩을 잘라 남은 날대를 왼쪽으로 2줄 건너서 가운데로 넣는다.

17. 막 엮기로 엮으면서 양쪽 태민에는 1회 감아 되돌아엮기를 한다.

18. 소용돌이무늬 부분도 사진과 같이 함께 사릿대로 감는다.

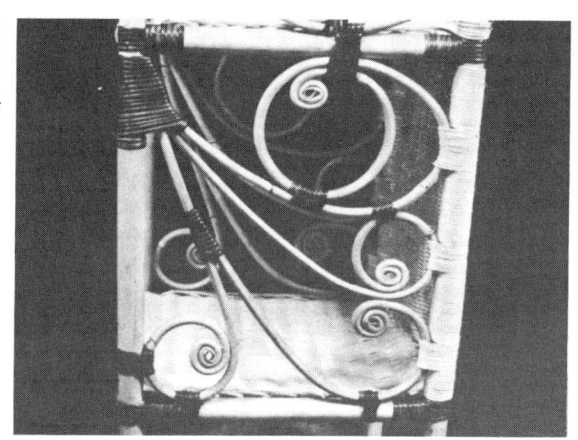

판권본사소유

등 공 예

2018년 5월 25일 인쇄
2018년 5월 30일 발행

지은이 | 편 집 부
펴낸이 | 최 원 준
펴낸곳 | 태 을 출 판 사
서울특별시 중구 다산로38길 59(동아빌딩내)
등 록 | 1973. 1. 10(제1-10호)

ⓒ2009, TAE-EUL publishing Co.,printed in Korea
※잘못된 책은 구입하신 곳에서 교환해 드립니다.

■ 주문 및 연락처
우편번호 04584
서울특별시 중구 다산로38길 59 (동아빌딩내)
전화 : (02)2237-5577   팩스 : (02)2233-6166

ISBN 978-89-493-0526-4   13690

"眞話堂이 엄선한 현대 가정의학 시리즈"

❋ 현대 가정의학 시리즈 ①
눈의 피로, 시력감퇴 치료법

❋ 현대 가정의학 시리즈 ②
명쾌한 두통 치료법

❋ 현대 가정의학 시리즈 ③
위약, 설사병 치료법

❋ 현대 가정의학 시리즈 ④
스트레스, 정신피로 치료법

❋ 현대가정의학 시리즈 ⑤
정확한 탈모 방지법

❋ 현대 가정의학 시리즈 ⑥
피로, 정력감퇴 치료법

❋ 현대 가정의학 시리즈 ⑦
완전한 요통 치료법

❋ 현대 가정의학 시리즈 ⑧
철저한 변비 치료법

❋ 현대 가정의학 시리즈 ⑨
완벽한 냉증 치료법

❋ 현대 가정의학 시리즈 ⑩
갱년기장해 치료법

❋ 현대 가정의학 시리즈 ⑪
감기 예방과 치료법

❋ 현대 가정의학 시리즈 ⑫
불면증 치료법

❋ 현대 가정의학 시리즈 ⑬
비만증 치료와 군살빼는 요령

❋ 현대 가정의학 시리즈 ⑭
완벽한 치질 치료법

❋ 현대 가정의학 시리즈 ⑮
허리·무릎·발의통증 치료법

❋ 현대 가정의학 시리즈 ⑯
코 알레르기 치료법

❋ 현대 가정의학 시리즈 ⑰
어깨결림 치료법

❋ 현대 가정의학 시리즈 ⑱
기미·잔주름 방지법

❋ 현대 가정의학 시리즈 ⑲
자율신경 실조증 치료법

❋ 현대 가정의학 시리즈 ⑳
간장병 예방과 치료영양식

현대인의 필독서!
성공철학의 대명사!!

시간배가 활용법
- 레이 조셉 지음 -

아침의 일과에서부터 잠자리에 들때까지의 효과적인 현대인의 시간활용 지침서이다.

천재적인 기억법
- 까아끼 지음 -

성공을 위해서는 무엇보다도 먼저 기억력이 뛰어나야 한다. 이 책은 현대인을 성공으로 이끌어줄 천재적인 기억법에 대한 지침서이다.

두뇌개발법
- 다꼬 아끼라 지음 -

어떻게 하면 두뇌를 개발할 수 있을까? 사물을 관찰하는 방법으로부터 머리로 사물을 바라보는 방법에 이르기까지 다양하게 혁신적인 두뇌개발법을 정리한 지침서이다.

생각강화법
- 에르네스트 디므네 지음 -

우리가 세상을 살아가는데 있어서 가장 중요한 사고의 하나인 생각한다는 것, 이것이 잘못될 때는 한 사람의 인생이 파멸로 끝날 수도 있다. 올바른 사고법, 성공하는 사고법을 체계적으로 정리한 성공철학 지침서.

인간조종법
- 다꼬 아끼라 지음 -

성공하기 위해서는 먼저 남의 마음을 움직여야만 한다. 그러기 위해서는 그보다 앞서 자기 자신을 설득하지 않으면 안된다. 이 책은 자기 자신과 더불어 남을 설득할 수 있는 비법이 체계적으로 정리되어 있다.

자기운명 개조하기
- 多潮輝 지음 -

이 책은 자기 자신의 운명을 개조시킴으로서 성공적인 인생을 창출시키는데 그 목적을 두고 기획되어진 책이다.

천재두뇌 기르기
- 糸川英天 지음 -

'나의 두뇌는 이정도 밖에 안돼. 정말 어찌할 도리가 없어!' 하고 스스로 주저앉는다면 당신은 영원히 인생의 낙오자가 되고 말 것이다. 천재는 태어나는 것이 아니라, 분명히 만들어지는 것이다.

정신 통일하기
- 土屋敏明 지음 -

꿈이 큰 사람은 꿈을 이룰 수 있다. 원대한 포부를 가져라. 한 가지 뜻으로 그대의 인생을 승부하라. 대망을 성취하는 사람은 보통 사람과는 다른 정신력을 가지고 있다.

우뇌력 이용하기
- 品川嘉也 지음 -

이 책은 좌뇌력의 이용에 젖어온 현대인에게 우뇌력을 활용할 수 있는 방법을 체계적으로 제시해 주는 자기계발 지침서이다.

3시간 단면하기
- 藤本憲辛 지음 -

이 책은 잠을 적게 자면서도 건강을 유지하고, 나아가 건전한 정신력으로 시간을 지배함으로써 성공을 보장하는 현대 성공학 가이드이다.

계속 발매중……

도서출판 **眞話堂**

● 주문 및 연락처
우편번호 100-430
서울특별시 중구 홍인동 162-3. 3·1아파트 13동 205호
전화 /233-6166